OPEN-SOURCE VERSCHLÜSSELUNG –

Quell-offene Software
zur Demokratisierung von Kryptographie:
Schutz vor Überwachung

Theo Tenzer

Band 3/3

Theo Tenzer

OPEN-SOURCE VERSCHLÜSSELUNG –

Quell-offene Software zur Demokratisierung von Kryptographie:

Schutz vor Überwachung

Mit einem Vorwort des Vereins "Aktion Freiheit statt Angst e.V."
https://www.aktion-freiheitstattangst.org/

Impressum

Tenzer, Theo: OPEN-SOURCE VERSCHLÜSSELUNG –

Quell-offene Software
zur Demokratisierung von Kryptographie:
Schutz vor Überwachung
Band 3/3 - Taschenbuch-Sonderausgabe
mit einem Vorwort des Vereins "Aktion Freiheit statt Angst e.V."
Norderstedt 2024, ISBN: 9783757853150.

Die drei Hardcover-Bände der hier zugrunde-liegenden 3-Bände-Ausgabe sind:

Band 1/3: CRYPTO-WARS - Politische Einflussnahmen beim Recht auf Ende-zu-Ende Verschlüs-selung um die 2020er Jahre: Beginn der Chat-Kontrolle? ISBN 9783758309540.
Band 2/3: QUANTEN-COMPUTER - Der McEliece-Algorithmus und das Echo-Protokoll neben Grundlagen in der Kryptographie: Innovation Supremacy, ISBN 9783758312175.
Band 3/3: OPEN-SOURCE - Quell-offene Software zur Demokratisierung von Verschlüsselung: Projekte & Features in der Cryptographischen Cafeteria, ISBN 9783758312199.

3-Bände-Ausgabe der Erstveröffentlichung „Super Secreto – Die dritte Epoche der Kryptographie" / „Super Secreto - The Third Epoch of Cryptography" - ISBN 9783755761174, in Zusammenarbeit mit Jo van der Lou.

© 2024 Theo Tenzer – Herstellung und Verlag: BoD - Books on Demand, Norderstedt.
Weitere bibliographische Information unter: https://portal.dnb.de.

*Die Spinner von heute
sind die Erfinder
von morgen.*

Udo Lindenberg,
Musiker und Schriftsteller.

Inhalt | OPEN-SOURCE-VERSCHLÜSSELUNG

VORWORT DES VEREIN-VORSTANDES „AKTION - FREIHEIT STATT ANGST E.V." ZUR TASCHENBUCH-SONDER-AUSGABE DES BANDES ZUR QUELL-OFFENEN SOFTWARE FÜR VERSCHLÜSSELUNG ZUM SCHUTZ VOR ÜBERWACHUNG

Freiheit statt Angst hat begonnen zugleich als Motto und Synonym einer Reihe von Demonstrationen für Datenschutz und gegen staatliche Überwachung. Diese Aktionen finden seit 2006 in Deutschland statt. Unter ihnen finden sich einige Großdemonstrationen in Berlin, die als die größten Demos gegen staatliche Überwachung seit dem Volkszählungsboykott in den 1980er Jahren gelten.

Unter dem englischen Titel *Freedom not Fear* wurden solche Demonstrationen ab 2008 auch in Städten außerhalb Deutschlands durchgeführt. In Brüssel findet seit einigen Jahren unter diesem Titel zudem ein jährliches „Barcamp" statt, bei dem sich Datenschutz-Aktive aus Europa und darüber hinaus vernetzen und austauschen.

Koordiniert wurden die Veranstaltungen in Deutschland 2007 bis 2014 von dem Bürgerrechtszusammenschluss *Arbeitskreis Vorratsdatenspeicherung* (AK Vorrat). Die erste Demonstration unter dem Motto *Freiheit statt Angst* fand am 20. Oktober 2006 in Kooperation mit der anschließenden Verleihung der Big-Brother-Awards in Bielefeld statt. Unterstützt wurde die Demonstration, an der sich hunderte Menschen beteiligten, von neun Organisationen, darunter der Chaos Computer Club, die Deutsche Vereinigung für Datenschutz, das Forum InformatikerInnen für Frieden und gesellschaftliche Verantwortung, der FoeBuD, die Humanistische Union und Stop-1984. Bereits einige Monate zuvor hatte der Arbeitskreis Vorratsdatenspeicherung unter dem Motto „Freiheit statt Sicherheitswahn" zu einer Demonstration in Berlin aufgerufen, an der sich ebenfalls zahlreiche Menschen beteiligten.

Die jährlichen Großdemonstrationen werden von einem breiten Bündnis verschiedener Organisationen, Parteien und Einzelpersonen getragen. Im Jahr 2009 umfasste das Bündnis 167 verschiedene Organisationen. Auch zahlreiche Musiker unterstützen die Kundgebungen.

Seit Januar 2009 ist *"Aktion Freiheit statt Angst e.V."* ein gegründeter eingetragener gemeinnütziger deutschlandweiter Verein mit Sitz in Berlin, der sich für Grundrechte, insbesondere für die Privatsphäre des Einzelnen und andererseits für die Informationsfreiheit, einsetzt.

Gefordert wird ein Abbau der bestehenden Überwachungsmethoden wie unter anderem der Online-Durchsuchung, der Vorratsdatenspeicherung oder der Videoüberwachung und Mustererkennung. Eine weitere Forderung ist die Gewährleistung der Meinungsfreiheit, eines sicheren Arbeitnehmerdatenschutzes und des freien Informationsaustauschs über das Internet sowie ein Recht auf Verschlüsselung.

Konkret wendet sich das Bündnis also zudem gegen eine flächendeckende Erhebung biometrischer Merkmale und genetischer Daten, den Einsatz von RFID-Funkchips in Ausweisdokumenten und den Ausbau von Videoüberwachungsanlagen.

Unsere gemeinsame Erklärung lautet:

(1) Überall in der Welt werden seit Jahren Massen-Überwachung und zentralisierte Massen-Datenspeicherung durch den Staat ausgebaut und verstärkt. Die Überwachungsmaßnahmen umfassen die präventive und anlasslose Speicherung von Kommunikation, Bewegungsprofilen, Steuer- und Finanztransaktionen, persönlichen Beziehungen und individuellem Verhalten, Krankheitsdaten und mehr. Begründet werden diese Maßnahmen in der Regel mit dem "Kampf gegen den Terrorismus" und der „Bekämpfung der Kriminalität". Daten werden jedoch nicht mehr gezielt über Verdächtige gesammelt, sondern pauschal von jedem Menschen – ohne irgendeinen begründeten Verdacht.

(2) Durch die anlasslose Speicherung von Daten aus allen Lebensbereichen werden alle Menschen unter einen Generalverdacht gestellt. Der Ausbau der Sicherheitsarchitektur mittels Massenüberwachung bedeutet also eine faktische Abschaffung des Unschuldsprinzips, welches ein wesentlicher Grundpfeiler des demokratischen Rechtssystems ist.

(3) Auch ist mit Massen-Überwachung keinerlei Sicherheitsgewinn verbunden, der den immensen Aufwand und die Erosion wichtiger demokratischer Normen und Werte in irgendeiner Weise rechtfertigen würde.

(4) Indem das Eindringen in die Privatsphäre durch den Staat zum Normalfall wird, ist die Garantie der Menschenwürde nicht nur in Gefahr, sondern tatsächlich außer Kraft gesetzt: Der Mensch wird

zum reinen Objekt des misstrauischen Staates. Er wird seiner Würde beraubt, indem er generell als potenzieller Straftäter oder Feind betrachtet wird.

(5) Zusätzlich zur operativen Aufrüstung durch den Einsatz der Massen-Überwachung ist auch die immer stärker voranschreitende Zentralisierung von Befugnissen und die Tendenz zur Aufweichung der Trennung von Geheimdiensten, Polizei und Militär besorgniserregend.

(6) In der demokratischen Grundordnung eines Rechtsstaates müssen diese Organe unabhängig operieren. Die Geschichte lehrt uns durch viele Beispiele, welche Gewalt ein Staat entwickeln kann, wenn diese Trennung nicht aufrechterhalten wird.

(7) Der Staat ist nur dann ein demokratischer und freier Staat, wenn er sich an die selbst auferlegten Grenzen des modernen Rechtsstaatsverständnisses hält, wenn er sich selbst beschränkt und an das eigene Handeln die höchsten Wertmaßstäbe legt.

(8) Zum Rechtsstaatsverständnis gehören auch das Verbot einer pauschalen Massen-Überwachung, also der massenhaften Verletzung der Privatsphäre und die Sicherheit des Grundsatzes, dass Grundrechtseingriffe nur ein allerletztes Mittel sein dürfen.

(9) In einer freien und gerechten Gesellschaft muss die oberste Handlungsmaxime des Staates das Vertrauen in die Bürgerinnen und Bürger sein, und nicht das Misstrauen. Umgekehrt müssen die Menschen grundsätzlich darauf vertrauen können, dass der Staat weitgehend auf Eingriffe verzichtet und diese nur im wohl begründeten Einzelfall und mit richterlicher Prüfung zulässt. Im demokratischen Staat muss die Garantie der Menschenwürde und der Grundrechte absolut sein.

(10) Als engagierte Bürgerinnen und Bürger, Vertreterinnen und Vertreter von zivilgesellschaftlichen Organisationen, fordern wir die Politik auf, sämtliche Eingriffsbefugnisse, Sicherheits- und Überwachungsgesetze von unabhängigen Stellen auf Wirksamkeit, Schadenspotenzial und Grundrechtskonformität hin zu überprüfen. Solange dieses nicht geschehen ist, fordern wir einen sofortigen Stopp weiterer Überwachungs- und Sicherheitsgesetze.

(11) Wir wollen keine Gesellschaft der Angst, wir wollen keine Gesellschaft des Misstrauens. Wir wollen eine friedliche und freie Ge-

sellschaft, die allen Menschen gleiche Chancen einräumt, in der niemand ausgegrenzt wird, in der niemand den allwissenden Staat fürchten muss, und Bürgerinnen und Bürger die Möglichkeit erhalten bleibt, Mitverantwortung zu übernehmen.

(12)Wir sind überzeugt, dass die besten Instrumente zur Bekämpfung von Kriminalität Bildung, Armutsbekämpfung, Integration und soziale Verantwortung und politische Teilhabe sind. Hier sind Politik und Zivilgesellschaft gemeinsam gefordert, Handlungsalternativen zu entwickeln.

Diese Erklärung steht auf der Webseite unseres Vereins "Aktion Freiheit statt Angst e.V.": *https://www.aktion-freiheitstattangst.org*
Verschlüsselung ist zentral, um Bürgerinnen und Bürgern einen Schutz vor Überwachung sowie eine Perspektive zur Absicherung des Briefgeheimnisses und ihrer Privatheit zu ermöglichen.

Das Buch *„Super Secreto - Die dritte Epoche der Kryptographie"* von Theo Tenzer enthält im dritten Teil, so wie es auch in der drei Bände-Ausgabe vorgelegt wurde, eine Übersicht an quelloffenen Software-Programmen und -Projekten zur Verschlüsselung.

In Kooperation mit ihm als Autor und dem Verlag legen wir eine Sonderausgabe dieses dritten Bandes als kostengünstige, quasi zum Selbstkostenpreis verlegte Taschenbuchausgabe mit unserem Geleitwort/Vorwort von *"Aktion Freiheit statt Angst e.V."* vor, deren enthaltene Software-Übersicht wir Interessierten auf unseren Aktionen empfehlen möchten.

Wir danken Theo Tenzer für diese Zusammenarbeit und die Möglichkeit des Re-Print des Bandes als Taschenbuch-Sonderausgabe. Seine Vorwörter zu der „Super Secreto"-Ausgabe bzw. dem Teil-Band mit der Übersicht zu den Verschlüsselungs-Werkzeugen schließen sich an.

Wir wünschen viel Spaß beim Lesen und beim Informieren über die modernen Techniken der Verschlüsselung, um gegenüber einer Angst durch Überwachung auch ein Stück Freiheit wieder zu gewinnen.

Der Verein „Aktion Freiheit statt Angst e.V."
- stellvertretend der Vorstand:
Mathilde Furtner (Vorsitzende) und Christoph Andre (Vorsitzender)
mit Dr. Rainer Hammerschmidt (Schatzmeister)
im März des Erscheinungsjahres.

ÜBER DEN KRYPTOGRAPHISCHEN WANDEL, SEINE GAME-CHANGER UND SEINE ÖFFENTLICHKEIT - VORWORT ZUM RE-PRINT „DREI-BÄNDE-AUSGABE" •

Liebe Leserin und lieber Leser[*],

der kryptographische Wandel war bislang viel zu wenig ein Thema des allgemeinen Lernens und Lehrens - insbesondere für ein breiteres, umfassenderes Publikum. Und doch betrifft dieser technologische Wandel uns alle. Doch worin besteht er und was macht ihn aus?

Wer über die aktuellen Entwicklungen der Informationstechnologie berichtet, wird auch insbesondere zum kryptographischen Wandel - und das ist derzeit ein wesentliches, aktuelles Feld - nicht um Details und Spezifikationen - sagen wir allgemein: um die Darstellung von Unterschieden und Entwicklungen herumkommen.

Gerade das machte, nachdem sich das Online- und Smartphone-Zeitalter zwei, drei Dekaden etabliert hatte, die Recherche zu diesem Themen-Komplex so sinnvoll und bedeutend.

Als der Buch-Band „SUPER SECRETO: Die Dritte Epoche der Kryptographie - Verschlüsselung für alle" fertiggestellt war, ging es um eine Verlagssuche: Diese Suche nach einem Verlag hat fast genauso lange Zeit in Anspruch genommen, wie das Schreiben des Manuskriptes selbst.

Publikumsverlage haben meist eine Jahres- bzw. Quartalsplanung und benötigen entsprechende Monate, um ein neues Manuskript zu integrieren, falls es bei den wenigen im Jahresverlauf noch offenen Programmplätzen überhaupt dazu kommt. Zudem ist dann eine meist allgemeine Aufbereitung von Fachinhalten zuträglich, damit ein Fachthema überhaupt breiter vermarktet werden kann.

Und schließlich gibt es die Fachverlage. Diese sind für die einzelnen Themen, egal welches Fachgebiet, meist sehr monopolartig aufgeteilt. Das Publikations-, wie aber auch das Wissenschaftssystem tut gut daran, wenn es einerseits nicht (zu) lange dauert, bis Innovationen und notwendige

---

[*] Im Buch genannte Personenbezeichnungen können weibliche, diverse und männliche Geschlechter umfassen.

Beschreibungen von Zeiten der Transition, also Zeiten, in denen wir Innovationen erleben oder uns gar gesellschaftlich wandeln und anpassen müssen, in Buchform veröffentlicht sind. Und zudem gehen Veröffentlichungen in Fach-Verlagen leider auch immer in der Hand von nur wenigen Akteurinnen und Akteuren mit eingefahrenen Strukturen von statten.

Zugleich sorgen rege Schattenbibliotheken wie Sci-Hub, Z-Library oder Annas-Archive mit meist illegal geteilten Kopien von teuren Fachbüchern im E-Book bzw. PDF-Format dafür, dass in einschlägigen Fachverlagen weniger Auflage verkauft wird. Mit der Konsequenz: dass dann entweder der Verkaufspreis einer Neuerscheinung noch höher angesetzt werden muss - oder aber, die Wirtschaftlichkeit eines Buchprojektes von den Lektoraten noch strenger mit ihren Leitungskräften eingeschätzt werden müssen. Es ist dann wenig Raum für neue und experimentelle Themen, oder aber auch unkonventionelle Zusammenstellungen und Aufbereitungen, wie ein Thema es manchmal erfordern mag.

Hielten wir den Wandel und die Innovationen 50 Jahre an, und warteten, bis die Urheberrechte von Büchern durch Zeitablauf oder Versterben der Autorinnen und Autoren erloschen wären, und Google oder andere elektronische Sammlungen alle Bücher gemeinfrei anbieten können, dann reichten 50 Jahre alte Fachbücher wahrscheinlich für entgeltfreies Lernen aus? Doch die sogenannte Halbwertszeit des Wissens ist besonders in der Informationstechnologie hoch: ständig neue Hardware, Programme und digitale Verfahrensweisen erfordern, auf dem Laufenden zu bleiben, so dass alte Lehrbücher ohne Kopierschutz auch nicht weiterhelfen würden.

Grundsätzlich ist es zu begrüßen, wenn gerade auch Fachwissen zu einem breiten Wissen umgewandelt wird oder zumindest für alle bereitsteht. Dieses gilt umso mehr im Bereich von sehr spezifisch zugeschnittenen Fachthemen wie in der Informatik, der Mathematik, der Kryptographie, und auch der gesellschaftswissenschaftlichen Technikfolgenabschätzung.

So hatten zwei Verlage ausgesprochenes Interesse an dem Manuskript über die Demokratisierung der Kryptographie, dem kryptographischen Wandel und einem sicherlich nicht un-spannenden Bericht über den aktuellen und eigentlich immerwährenden Crypto-Krieg, in dem die politischen Kräfte um die 2020er Jahre die Ende-zu-Ende-Verschlüsselung in unseren Chat-Messengern entdeckten — wie auch damals Mitte der 1990er Jahre schon ein fast vergleichbarer Crypto-Krieg in den USA um die Verschlüsselung von E-Mails tobte.

Auch bestand weiterhin Interesse an der gerade vollzogene Realisierung von schnellen Quanten-Computern mit ihren Auswirkungen auf die bislang übliche, aber nun von der amerikanischen Normungsbehörde NIST (je nach Schlüsselgröße und Zukunftsperspektive) als „nicht mehr sicher" angesehene RSA-Verschlüsselung. Aufmerksamkeit erregte eine erste Implementierung eines gegen die Quanten-Computer sicheren Nachfolgers: dem McEliece-Algorithmus, oder auch dem NTRU-Algorithmus.

Zu einem schriftlichen Bericht zum Themenfeld der modernen Verschlüsselung sollte auch gehören, dass eine fast umfassende Übersicht über die quelloffenen Projekte im Bereich der Verschlüsselung inkludiert war.

Vertiefend wurde dazu also mit einem marktführenden Verlag gesprochen, der es am Ende jedoch für deren Zwecke für nicht wirtschaftlich hielt.

Ein anderer marktbegleitender Verlag schlug vor, die Buchkonzeption nur in einem Aspekt zu betrachten - also um zwei Drittel zu kürzen - und dann müsse alles auch nach einem bestimmten didaktischen Muster umgearbeitet werden. Denn dieser Verlag ist auch noch im didaktischen Lehrmittelbetrieb tätig.

So sehr die didaktische Ebene zu fördern ist - eine Kürzung der zusammengetragenen Inhalte und der wesentlichen Elemente der Buchkonzeption kam nicht in Frage. Zumal eine feste Zusage, die Publikation dann zu erstellen, nicht gegeben werden konnte.

Es ist zudem bekannt, dass neue oder im spezifischen Fokus neu aufgegriffene Themen, die an Verlage als Manuskript herangetragen werden, oftmals durch das Experten-/Peer-Review Verfahren schneller bei anderen Schreibern veröffentlicht werden, als dass ein Verlag die eigene Konzeption umsetzt. Mit anderen Autorinnen und Autoren unter Vertrag bringen manche Verlage ein Thema oder spezifischen Fokus dann dennoch, obwohl sie absagten.

Wenige Wochen nach Vorstellung des Manuskriptes bei einigen Verlagen erschienen Impulse von politischen Repräsentantinnen und Repräsentanten in diesen Themenbereichen, die bislang still ruhten. Zufall? Beweisen kann man diese Leaks oder sagen wir thematischen Koinzidenzen nicht. Durchaus lassen Verlage Manuskripte bei Expertinnen und Experten sowie Institutionen auch in politischen Zusammenhägen prüfen. Selbst wenn man nur annimmt, dass es so sei, zeigt es dennoch eine These der Zementiertheit und Macht der Platzhirsche in der Publikationsindustrie: veröffentlichte Meinung - wie auch Politik - ist in Hand weniger kapitalkräftiger Menschen, die ihre Entscheidungen in ihren Netzwerken für eine Nation treffen. Und sich mit der Unsicherheit von bisheriger Verschlüsselung angesichts der heutigen und zukünftigen Kapazitäten von Quanten-Computern zu beschäftigen – das hat auch schon bürgerweite Relevanz für eine Industrienation.

Ein Buch gehört in die Hände aller, und nicht nur in die Hände derer, die sich Bildung leisten können. – Dasselbe gilt auch für Verlage: es gibt kaum einen Verlag, der in Hand eines Vereines oder einer Genossenschaft ist, die allen Beteiligten gehört.

Auch daher kam es bei dem weiteren Verlag für das vorliegende Manuskript nicht in Frage, dass es ein unerschwinglich teurer Buch-Band wird: Niemand will und soll für ein Buch das sechsfache eines Stunden-Mindest-Lohnes aufbringen, nur um sich Kenntnisse z.B. während der Ausbildung anzueignen.

Studierende zahlen nicht nur für manche interessanten Fachausführungen in Büchern mehr als 50 Euro, sondern auch schon für die grundlegenden Einführungen oder Aufbauwerke in einem Fachbereich diese horrenden Preise.

Mein eigenes Gespür, was ich selbst als Lernender mit einem entsprechenden Budget auszugeben bereit gewesen wäre, sollte auch bei der Realisierung des vorliegenden Projektes zu einem akzeptablen Verkaufspreis beeinflussen - und sicherlich auch ein anzuerkennendes Gewinn-Interesse eines Verlags berücksichtigen können.

Aber ein Softcover-Paperback im Fachverlag zu dem sechsfachen eines normalen ebenso Paperback-Taschenbuches aus einem Publikumsverlag zu verlangen, schien untragbar – auch wenn Verlage dann mit weniger Auflage entsprechend anders kalkulieren müssen. So kam es nicht dazu: Denn dieser Verlag beabsichtigte als einer der marktführenden noch höhere Kalkulationsgewinne!

Ich fühlte mich bekräftigt, den Band in seiner Gesamt-Konzeption wie inhaltlich ausgearbeitet und recherchiert vorzulegen: Die politische Diskussion der Ende-zu-Ende-Verschlüsselung sollte um die Entwicklung der Super-Quanten-Computer ergänzt werden. Und es ist auch die wesentliche Perspektive der Wahrung der Privatsphäre und der Einhalt-Gebietung der totalen Überwachung der Bürgerinnen und Bürger zu berücksichtigen, in dem man auf quell-offene, also für alle gemeinfrei zur Verfügung stehende Werkzeuge hinweist - inklusive einer grundlegenden Kurz-Einführung in die Kryptographie.

Diese Tools, die allen zur Verfügung stehen, um private Briefe und Messages in unseren Messengern zu verschlüsseln, um das Briefgeheimnis und Postgeheimnis zu wahren, sollten ebenso in eine Publikation gehören, wie die mächtigen Supercomputer für die Regierungen, die einen neuen Krieg um Kryptographie im Bereich der Ende-zu-Ende-Verschlüsselung um die Jahre 2020 entfachten – indem sie den Bürgerinnen und Bürgern jegliche Online-Kommunikation in ihren Chats überwachen wollten, oder dazu gar auch die Ende-zu-Ende verschlüsselte Kommunikation perspektivistisch verbieten wollten. Nicht nur für die Beziehung zwischen Anwältinnen und Anwälten sowie Mandantinnen und Mandanten oder für Whistleblowerinnen und Whistleblower schwer akzeptierbar, sondern auch für den Schutz von Privatem.

Und: es deutete sich nicht nur mit dem Achtungserfolg eines Quanten-Super-Computers ein neues Zeitalter an, sondern auch für die Bürgerinnen und Bürger waren neue Werkzeuge entstanden: das McEliece-Messaging mit dem gegen Quanten-Computer sicheren McEliece-Algorithmus war erstmals quelloffen in dem Messenger Smoke Crypto Chat implementiert.

Der Messenger Delta-Chat ermöglichte einfache Verschlüsselung und Chat über E-Mail-Server mit dem in der Verschlüsselungs-Suite Spot-On entwickelten, sogenannten POPTASTIC-Protokoll (namentlich also an den POP3-Postfächern im E-Mail angelehnt). Die AutoCrypt-/Repleo-Funktion ermöglichte einen einfachen Schlüssel-Austausch.

Die Verschlüsselungs-Software Spot-On vollzog nicht nur zahlreiche Innovationen im Bereich der Kryptographie bzw. der angewandten Kryptographie, sie führte zugleich auch bahnbrechende neue Gestaltungen über das sog. „Echo" ein:

Das Echo-Protokoll ist ein kryptographische Protokoll, dass ohne Routing-Informationen in den Datenpaketen auskommt: Es ist daher nicht nur „Beyond" - also nachfolgend - des Paradigmas des „Routings", sondern es ist „Beyond Cryptographic Routing". Denn die IP-Adresse wird nicht durch einen Text-String ersetzt, wie z.B. einen Hash String wie es bei der Bitcoin-Blockchain oder einer damaligen bekannten Anwendung BitMessage der

Fall war. Stattdessen enthält das Echo-Protokoll eben keine Absender- oder Zieladresse, wie es in Band 2 dieser Reihe noch ausführlicher erläutert wird. Das ist nicht nur kryptographisch interessant, sondern stellt die zielführenden Protokolle wie TCP oder UDP auf den Kopf und ergänzt diese um eine neue Daseinsform, die insbesondere auch von der Überwachung mit Metadaten befreien kann.

Den kryptographischen Wandel, der unter anderem, aber vor allem Mittels der erstarkenden Quanten-Computer eine neue Epoche einzuleiten schien, empfand ich als wesentlich und bedeutend, ähnlich als wenn ein diskreter Logarithmus zur Entdeckung der asymmetrischen Verschlüsselung führte, die wir heute alle mit öffentlichen und privaten Schlüsseln nutzen oder beim verschlüsselten Online-Banking per TLS/SSL mit einer Zertifizierungs-Autorität anwenden.

In der Zahlentheorie ist der diskrete Logarithmus das Analogon zum gewöhnlichen Logarithmus, diskret kann in diesem Zusammenhang etwa wie ganzzahlig verstanden werden. Die diskrete Exponentiation ist die Umkehrfunktion des diskreten Logarithmus. D.h.: die natürliche Exponentialfunktion ist die Umkehrfunktion des natürlichen Logarithmus. Und diese Exponentialfunktion spielt in der asymmetrischen Verschlüsselung mit Primzahlen eine entscheidende Rolle. Verwendete Primzahlen schnell zu knacken, ist eine Aufgabe der Quanten-Computer. Und sie waren darin nicht nur erfolgreich, sondern auch immer schneller: Die Dritte Epoche der Kryptographie klopfte an.

Der erste Messenger mit McEliece-Messaging war eine zügige Antwort auf die Quanten-Computer wie auch umfassend ausgearbeitete quelloffene Verschlüsselungs-Werkzeuge wie VeraCrypt oder auch Spot-On, die Festplattenverschlüsselung bzw. Ende-zu-Ende Verschlüsselung für alle sicherten. Und zugleich waren die Crypto-Wars politisch und gesellschaftspolitisch zu beschreiben und aktueller denn je zuvor - und sicherlich auch nicht zu vernachlässigen mit ihren berechtigten Anliegen.

Kennzeichen des Kryptographischen Wandels

Der kryptographische Wandel kennzeichnet sich also vorwiegend durch folgende ausgewählte Entwicklungen - so intensive und nachhaltige Game-Changer der Kryptographie hatten nur wenige Jahrzehnte zuvor:

(1) **Ende-zu-Ende-Verschlüsselung in Messengern:** Die verstärkte Anwendung von Ende-zu-Ende-Verschlüsselung erfolgt in modernen, kostenfreien Chat-Messengern von großen amerikanischen Tech-Giganten, die einerseits Sicherheit in der Kommunikationsübermittlung versprechen, gleichzeitig aber auch hinsichtlich entsprechender Hintertüren angezweifelt werden, um Millionen und Milliarden von Nutzerinnen und Nutzern ggf. in falscher Sicherheit wiegend überwachen zu können. Open-Source-Messenger mit Ende-zu-Ende-Verschlüsselung bieten ebenso bei Chat-Klienten wie auch Chat-Servern Alternativen.

(2) **Politische Unterwanderung von technischer Verschlüsselung durch beginnende Chat-Kontrollen:** Politische Diskussionen um die Regulierung von Ende-zu-Ende-Verschlüsselung und zunehmende Überwachung der Bevölkerung durch politische Forderungen nach Vorratsdatenspeicherung, beabsichtigtes Verbot von Verschlüsselung sowie zukünftige Einführung von Chat-Kontrollen auf allen am Internet befindlichen Geräten, noch bevor eine Verschlüsselung greifen kann, führen zu der Forderung, politisch eine sog. „Überwachungs-Gesamt-Rechnung" vorzulegen, welche Gesetze zur Überwachung also bestehen und welche durch Verschlüsselung eingeschränkt werden könnten.

(3) **Gesellschaftliche Diskussion globaler und staatlicher Überwachung in einer Gesamt-Rechnung:** Umfassende gesellschaftliche Diskussionen von aktiven Menschen in sozialen Bewegungen zur Netzpolitik und digitalen Sicherheit im Internet nehmen zu, die vor einem Überwachungsstaat im Sinne einer Überwachungsorganisation „STASI 2.0" (in zahlreichen Beiträgen aus zahlreichen Vereinigungen und Organisationen) warnen - angelehnt an die „Staatssicherheit" (STASI) wie seinerzeit in der DDR bekannt.

Die totale Aufzeichnung aller Internet-Daten und unverschlüsselten Kommunikationsinhalte erfolgt durch amerikanische und europäische Agenturen, wie es Edward Snowden schon 2013 bzw. in seinem späteren Buch „Permanent Record" veröffentlichte.

(4) **Ko-Existenz der Steganographie als Renaissance:** Die Aufwertung von steganographischen Prozessen wird diskutiert, also einer nicht sofort auffälligen Informationsübermittlung, um „unter dem Radar" zu bleiben.

(5) **Durchbruch der Quanten-Computer:** Technologische Fortschritte bei den Quanten-Computern wurden nicht nur im kleinen Kreis der Technikerinnen und Techniker, sondern auch in der breiten Öffentlichkeit bekannt gegeben: Google meldet 2019 einen Durchbruch mit dem Ausruf „Quantum Supremacy", bei dem der erste Quanten-Computer schneller als ein regulärer Super-Computer rechnet. Dieser sogenannte „Q-Day" ändert nicht nur den Fokus der Forschenden, auch die Regierungen stellten Gelder und Programme bereit, um zum Thema Quanten-Computer (und auch ihre Auswirkung auf Verschlüsselung) weiter zu forschen. Wenngleich auch eine Information der Öffentlichkeit hinsichtlich der Macht der Super-Quanten-Computer weniger nachdrücklich erfolgt als wenige Jahre danach die Information der Öffentlichkeit z.B. hinsichtlich künstlicher Intelligenz oder der Erstellung von virtuellen Realitäten: Künstliche Intelligenz wie Chat-GPT erstellt Texte und macht Redakteurinnen und Redakteure sowie und Journalistinnen und Journalisten arbeitsärmer. Computer erstellen Videos von sprechenden, realistischen Menschen, die weder in Bild noch Ton der Realität entsprechen: sogenannte Deep-Fakes, TikTok-Filter und ethische Grundsätze für den Einsatz von künstlicher Intelligenz werden noch viele Jahre ebenso Einfluss haben auf kryptographische Prozesse, wie insbesondere die schnellen Computer: seien sie nur ein schnelles Smartphone, ein Super-Computer oder gar ein Quanten-Computer.

(6) **Potentiell zukünftige Entschlüsselungen von „Cold Capsules":** Die wesentliche Bedrohung bisheriger Verschlüsselung besteht also in den Quanten-Computern: Zu sichernde Daten-Pakete können in ein paar Jahren nicht mehr sicher sein, das gilt es auch heute schon in

der Sicherheitspolitik zu berücksichtigen. Sogenannte „Cold Cases" - Verbrechen, die schon viele Jahrzehnte zurück liegen, sind mit moderner Technologie wie einer DNA-Analyse heute aufklärbar. Ebenso wird es aufgrund der sich steigernden Rechenkapazität in der Zukunft `Cold Capsules´ der Kryptographie geben, verschlüsselte Daten-Pakete, die ggf. nicht jetzt, aber zukünftig geöffnet werden können. Die Wissenschaft muss dieses kontinuierlich vorweg annehmen und berücksichtigen, „antizipieren": `Cold Capsules´ wandeln sich zu `Hot Honey´.

(7) **Multiverschlüsselung:** Das Thema der „Multiverschlüsselung" rückt angesichts der drohenden Entschlüsselung in den Fokus der Forschung und praktischen Anwendung: Ein aus einer Verschlüsselung resultierender Cipher-Text wird mit einem weiteren Algorithmus nochmals verschlüsselt oder durch einen verschlüsselten Kanal gesandt. Nur wenige haben diese Prozeduren bislang umgesetzt oder erforscht. Angewandte Kryptographie implementiert diese Multi-Verschlüsselung schon munter.

(8) **McEliece-Messaging mit Smoke:** Neben dem Algorithmus NTRU verspricht der seit Jahrzehnten bekannte Algorithmus McEliece aufgrund seiner vereinfacht gesagt andersartigen Konstruktion eine hohe Sicherheit gegenüber den Rechenkapazitäten von Quanten-Computern. Kryptographie wandelte sich nicht nur von RSA zu McEliece, sondern dieser Wandel hat auch zur Folge, dass sich sämtliche Verschlüsselungs-Applikationen wandeln werden - und RSA ausbauen und ggf. McEliece einbauen müssen. Ein erster mobiler Messenger feierte in der angewandten Kryptographie die erstmalige Anwendung des McEliece-Algorithmus und begründete weltweit das McEliece-Messaging: Es war der Smoke Crypto Chat Messenger.

(9) **Angestoßene Standardisierung des McEliece-Algorithmus:** Dieser 180-Grad-Turnaround des Wechsels von RSA zur sicheren Post-Quantum-Kryptographie impliziert wesentliche Auswirkungen: denn es war mit dem McEliece-Messaging ein Pionier bzw. Prototyp geschaffen worden, noch bevor die offiziellen Standardisierungs-Behörden wie die amerikanische NIST oder das deutsche BSI-Institut

den Prozess einer Standardisierung für den McEliece-Algorithmus überhaupt begonnen hatten. Die Smoke-Implementierung erfolgte sogar mit vier verschiedenen Moduli des Algorithmus, u.a. nach Konzepten der führenden Köpfe auf diesem Fachgebiet: neben Robert McEliece („Classic-McEliece") waren das die Japaner Eiichiro Fujisaki & Tatsuaki Okamoto, weiterhin David Pointcheval aus Frankreich - und auch ein eigens durch den Entwickler Textbrowser selbst erstellter Super-McEliece-Modulus mit hohen Werten wurde implementiert. Ebenso sind auch die Texte und Software-Applikationen von Antoon Bosselaers, René Govaerts, Bart Preneel, Marek Repka, Christopher Roering, sowie Joos Vandewalle in diese quell-offenen Implementierungen sowohl bei dem mobilen Messenger Smoke als auch bei der Desktop-Verschlüsselungs-Suite Spot-On (Linux-Version) eingeflossen. Erst nach diesen Prototypen des McEliece-Messagings in der App Smoke bzw. Desktop-Encryption-Suite Spot-On - Namensgeber und Erfinder Robert McEliece verstarb zwischenzeitlich und die ersten Rechen-Erfolge von Quanten-Computern wurden öffentlich -, begann die Forschung z.B. mit der zusammenfassenden Webseite www.mceliece.org diesem krypto-graphischen Wandel Rechnung zu tragen bzw. eine offizielle Standardisierung dieses Algorithmus in den Blick zu nehmen. Eine Webseite bislang ohne Kontaktinfo und Impressum.

(10) **Software-Umbau als Teil des Crypto-Wars:** Und schließlich: die Crypto-Wars werden nicht nur zwischen staatlicher Regierung einerseits und überwachten Bürgerinnen und Bürger sowie open-source Entwicklerinnen und Entwicklern andererseits geführt, auch innerhalb der IT-Community gibt es unterschiedliche Glaubens-grundsätze und insbesondere bei den Anbietern von kryptographi-schen Lösungen gibt es ganz einfach auch wirtschaftliche Interessen: Das RSA-Zeitalter soll noch nicht so schnell begraben werden, wenn eine entsprechende RSA-Applikation noch verkauft werden muss. Doch innovative Unternehmen ziehen aktuell auch nach und bieten z.B. auch VPN-Verbindungen an, deren Verschlüsselung gegen starke Rechenkraft besser abgesichert ist. Die Verschlüsselungs-Suite

Spot-On bietet mit Ihren „Patch-Points" sichere Tunnel zwischen zwei Applikationen an: sog. „Local Private Application Interfaces", und überbrückt die Existenz unsicherer Applikationen sicher in das Zeitalter der Quanten-Computer.

(11) **Mehr Kollaboration und mehr aktivierte Öffentlichkeitsarbeit:** Andererseits sind die Forscherinnen und Forscher noch nie so vereint wie bislang und bilden eine „Global Encryption Coalition" mit führenden Instituten und Organisationen, Open-Source-Projekten, Einzelpersonen sowie Unternehmen mit Verschlüsselungs-Lösungen – um Politik sowie Bürgerinnen und Bürger in Sachen Kryptographie und Verschlüsselung zu beraten, aber auch um ihre Arbeitsprozesse und Ergebnisse einer breiteren Öffentlichkeit darzustellen.

(12) **Kryptographischer Wandel & „Beyond Cryptographic Routing" führt zu transdisziplinären Forschungs-Fragestellungen:** So bestehen neue Forschungsfragestellungen im kryptographischen Wandel auch durch die Verbindung von Graphentheorie, Chaos- und Komplexitäts-Theorie mit der theoretischen und angewandten Kryptographie: die Spezifika des mit kryptographischer Innovation versehenen Echo-Protokolls definieren das schon angesprochene „Beyond Cryptographic Routing": Verschlüsselte Datenpakete in einem Echo-Netzwerk enthalten keine Absende- oder Adress-Informationen mehr. Dieses ist gegenüber TCP-gerouteten Datenpaketen ein Wandel bedingt durch diese kryptographische Innovation. Es bedeutet nicht nur neue Agenda- und Curriculums-Aspekte in den genannten Forschungsgebieten, sondern bietet auch eine transdisziplinäre Perspektive sowie ganz praktisch in der Anwendung z.B. eine höhere Sicherheit gegen eine Überwachung durch die Analyse von Metadaten. Wie die Echo-Verschlüsselung funktioniert, ist in dem zweiten Band dieser Bandausgabe zu lesen wie auch in den entsprechenden Referenzen.

(13) **Kryptographische Prozessveränderungen zeigen „Innovation Supremacy" wie z.B. in der Derivativen Kryptographie:** In der Kryptographie wandeln sich zahlreiche Prozesse: Angefangen bei AutoCrypt, zurückgehend auf REPLEO und EPKS, wobei Schlüssel zur Ver-

schlüsselung automatisch getauscht werden; über Cryptographisches Calling, bei dem neue, auch temporäre Schlüssel über verschlüsselte Kanäle (oder auch per E-Mail) gesandt werden und ggf. dabei auch von einer asymmetrischen Verschlüsselung (z.b. mit dem Algorithmus McEliece) auf eine symmetrische Verschlüsselung (z.b. mit dem Algorithmus AES) umgestellt werden kann. Es ist die Derivative Kryptographie begründet z.b. mit ihren Juggerknaut bzw. Secret Streams Schlüsseln, die nicht mehr über das Internet übertragen werden müssen, sondern per mathematischer Berechnung im Rahmen eines Zero-Knowledge-Beweises erstellt, geprüft und abgeleitet werden. Und auch Socialist-Millionaire-Protokolle zur Authentifizierung ohne Passwort-Übertragungen sind in der angewandten Kryptographie gestärkt. Konzepte von Cryptographic Discovery sollten dazu beitragen, mittels kryptographischer Prozesse Informationen durch Vorhersagen und maschinelles Lernen zu erschließen. Zahlreiche Innovationen also, die zum kryptographischen Wandel beitrugen: Was für die Quanten-Computer der Q-Day und der Formel „Quantum Supremacy" war, lässt sich für die Neuerungen in der Kryptographie unter dem Begriff „Innovation Supremacy" zusammenfassen. Wesentliche Impulse seitens der Anwendungsfälle aus dem Diskreten Logarithmus sowie auch seitens weiterer Entwicklungen in der Dekade nach 2010 haben zum Wandel in der Kryptographie beigetragen.

(14) **Neue Applikationen und neue Protokolle**: Zahlreiche Verschlüsselungsprogramme bestehen, quell-offen und auch nicht-quell-offen. TrueCrypt wechselte mit dem Entwickler auch den Markennamen zu VeraCrypt, Spot-On als umfassende Verschlüsselungs-Suite für Chat, E-Mail, File-Sharing und Datei-Transfer legte zahlreiche Releases und Innovationen vor - und entwickelte sich im File-Sharing-Bereich aufgrund erhöhter kryptographischer Dichte (wenngleich auch bislang mit differierender Nutzungszahl) zum Nachfolger von Web-of-Trust-Sharing (wie z.B. dem Programm RetroShare, das beim Dateitransfer nicht Ende-zu-Ende verschlüsselt, sondern nur Punkt-zu-Punkt); mit dem Smoke Chat ist wie angesprochen mit McEliece-

Messaging ebenso eine innovative Applikation am Markt wie Delta-Chat mit dem an das POPTASTIC-Protocol angelehnten, verschlüsselten Chat über E-Mail-Server. Andere Applikationen verschwanden vom Markt, wie CryptoCat, oder fuhren die Entwicklung herunter, wie Tox. Und auch Verschlüsselungs-Werkzeuge in Form einer Win32-Kompilation mussten Releases einstellen bzw. auf Win64-Kompilierungen umstellen, als Microsoft das Ende von Win32 bekanntgab und die Kompilierungs-Software MinGW sowie Qt eine Windows-Erstellung für 32 Bit nicht mehr ermöglichten. Ob Microsoft mit dem Ende von Win32 auch die Zahl der vielen kleinen Verschlüsselungstools und Helferwerkzeuge reduzieren wollte, ist unbekannt. Sicher ist: alle müssen ihre Krypto auf Win64-Kompilierungen im Zuge auch dieses kryptographischen Wandels anpassen und ggf. in den Windows-11-App-Store zertifiziert übertragen, während die Linux-Community die LUKS-Verschlüsselung und die Pakete-Angebote von Verschlüsselungs-Software auf ihrem Betriebssystem stärkt. Zahlreiche Applikationen quell-offener Verschlüsselung werden im dritten Band ausführlicher erläutert.

(15) **Evaluationen zu Server- & Klienten-Interoperabilität bei kryptographischen Messengern werden ausgebaut:** Neben der Prüfung von Optionen zur Interoperabilität von verschlüsselnden Chat-Klienten wird auch die Interoperabilität und Vernetzbarkeit insbesondere quell-offener Chat-Server, die verschlüsselten Chat weiterleiten, evaluiert.

(16) **GED als ein jährlicher Feiertag, zu dem viele beitragen:** Der jährliche „Global Encryption Day" (GED, sprich: „Geed") wird inzwischen jeweils hin zum dritten Oktober-Wochenende ausgerufen, an dem weltweit zahlreiche Organisationen, Institute und Vereine Öffentlichkeits-Aktionen, Veranstaltungen und Workshops zum Thema Verschlüsselung anbieten. Der Beruf ist eine Berufung, gar eine Obsession. „For Gee...d`s sake": Aus Nerds & Geeks werden: „Gee...d"s – G_lobal E_ncryption D_ay-Teilnehmerinnen und -Teilnehmer. Der kryptographische Wandel war noch nie so nachhaltig und öffentlich - weil er es auch sein muss.

Wie hätte man all das aus einem modernen Buch zur Kryptographie aussparen können? Hätte man den Band „Super Secreto" stattdessen „Kryptographischer Wandel" nennen sollen und für einen horrenden Preis an den Markt bringen sollen – nur um ein wiss. Verlagssystem in diesen Strukturen zu bedienen?

Sogar zwei Verlage aus den USA hatten Interesse, das Thema in die englische Sprache zu transferieren, und didaktisch aufzubereiten, jedoch mit denselben Änderungsanforderungen wie der deutsche didaktische IT-Verlag. Der andere amerikanische Verlag meldete nach Prüfung in der Runde der Lektorinnen und Lektoren nur zurück: „Nicht jetzt, ggf. später mal" – also eine historische Publikation nach 50 Jahren als Re-Print, wenn die Leserschaft und Fachkreise es bewertet hätten?

Oder erkannte nur eine einzelne Lektorin nicht die Potenziale, die in der Beschreibung des kryptographischen Wandels stecken könnten? Schließlich findet dieser Wandel nicht nur aufgrund der Technik oder Mathematik bzw. in der Software und der Anwendung bei den Bürgerinnen und Bürgern statt, sondern das Interesse nach aktuellen Erkenntnissen besteht schon bei Leserinnen und Lesern, die sich das erste Mal zum Thema Verschlüsselung in der Informationstechnologie informieren? Sicherlich benötigt man als Autor ein gutes Lektorat und Haus für die Produktion und ein Marketing. Abzuwägen ist demgegenüber die Schwere von Konzessionen hinsichtlich Inhalten sowie Leserinnen und Lesern. Und letztlich wurde in allen vier Verlags-Häusern mit vom Thema begeisterten Lektorinnen und Lektoren Gespräche geführt - die jedoch von ihren Führungskräften meist aus wirtschaftlichen Befürchtungen zu anderen Projekten verpflichtet wurden. Wenn IT schon „nerdig" sein darf, was ist dann Kryptographie? – kein Thema für alle? Nein, das Wissen sollte verständlich, zusammenhängend und vor allem zugänglich sein für alle.

Denn der kryptographische Wandel benötig entsprechende Öffentlichkeit, um die Bevölkerung an der Abschätzung von neuer Technik teilhaben zu lassen. So ein zentraler Glaubenssatz, der auch für das Thema der modernen Verschlüsselung gelten sollte. Ob die Quanten-Computer in der neuen Epoche für die Kryptographie und auch ein späteres alltägliches Leben mit diesen Maschinen und deren Verschlüsselungskapazitäten eine so große Rolle spielen werden wie die Gestaltung der Atom-Energie-Kraft bzw. Entwicklung der Atom-Spreng-Kraft durch Robert Oppenheimer, wird die Zeit zeigen.

Das Manuskript SUPER SECRETO wurde aus all diesen Gründen kurzerhand im On-Demand-Verlag und dennoch mit ISBN veröffentlicht. Es sollte in der Perspektive und Konzeption transdisziplinär, zügig für alle Interessierten präsent und für die Leserinnen und Leser kostengünstig sein.

Die Rückmeldungen zur Veröffentlichung, ohne dass irgendwelche Werbung gemacht wurde, oder eine Vermarktung des Bandes stattfand, waren erfreulich: nach nur wenigen Wochen war der Absatz der Auflage im vierstelligen Bereich. Es hatte also Sinn gemacht, inhaltlich sowohl die technisch wie auch politisch Interessierten zu adressieren und vor allen die IT-Praktikerinnen und -Praktikern sowie Bürgerinnen und Bürgern, die sich einen Überblick über die derzeit bestehenden quell-offenen Verschlüsselungs-Werkzeuge verschaffen wollten.

Ein Verlag, der zu den dort bislang nicht so hoch eingeschätzten Erstdruck-Auflage informiert wurde, meldete im Nachhinein nur zurück: „Herzlichen Glückwunsch!" – es klang dennoch ein wenig wie: Wir gestehen ungerne ein, dass wir das Feedback und Interesse der Leserinnen und Leser zu dem Thema anders eingeschätzt haben und weiterhin sich manche unserer Verlagspublikationen hinsichtlich der Auflagen nur im dreistelligen Bereich bewegen. Manche Fachbücher liegen auch tatsächlich schwer wie Blei im Regal.

Der Dank ist daher an all die Leserinnen und Leser weiterzuleiten, die sich nicht nur - wenn auch in einem kleinen Kreis einer im Vergleich doch sehr, sehr geringen Auflage gegenüber einem großen Publikumsverlag - für die im Buch enthaltenen Themen interessieren, darüber diskutieren und sich weitergehend informieren - bis hin zu erfolgten Nachfragen und Anschaffungsvorschlägen in Stadtbüchereien und wissenschaftlichen Bibliotheken.

Freunde merkten sicherlich auch an, dass das Manuskript „SUPER SECRETO" ein sehr umfangreicher Band sei, ob man ggf. auf einen Verlag hätte hören sollen: erstmal nur einen Teil des Manuskriptes zu veröffentlichen - was aber seinerzeit - wie gesagt - nicht in Frage kam.

Fast zwei Jahre später war nun die Zeit und die Anregung gekommen, über eine sogenannte Schuber-Reihen- bzw. 3-Bände-Ausgabe nachzudenken.

Die Sektionen des Buches zu den politischen „CRYPTO-WARS" um die Ende-zu-Ende-Verschlüsselung, die Sektion des Buches zu den technischen Innovationen um die „QUANTEN-COMPUTER" mit neuen Algorithmen und

Protokollen neben einer kurzen Einführung in die Begriffe und Grundlagen der Kryptographie, sowie die Sektion um die „OPEN-SOURCE" Software-Anwendungen zur Verschlüsselung sollten und konnten nun in einer „Band 1 bis 3"-Neu-Ausgabe veröffentlicht werden. So wie Sie einen Band davon hier nun in den Händen halten. So sind auch ggf. gezielte Aktualisierungen leichter zu gestalten.

Damit war die Idee zu diesem Band in Form eines Re-Prints geboren worden, zu dem noch zwei weitere gehören, und die aus der Bearbeitung zu dem Thema zur „SUPER SECRETO"-Verschlüsselung hervorgegangen sind. Die drei Bände dieser nunmehr quasi „Reihen"-Ausgabe bzw. Ausgabe in drei Bänden sind:

- **Band 1/3: CRYPTO-WARS -** Politische Einflussnahmen beim Recht auf Ende-zu-Ende Verschlüsselung um die 2020er Jahre: Beginn der Chat-Kontrolle?

- **Band 2/3: QUANTEN-COMPUTER -** Der McEliece-Algorithmus und das Echo-Protokoll neben Grundlagen in der Kryptographie: Innovation Supremacy.

- **Band 3/3: OPEN-SOURCE -** Quell-offene Software zur Demokratisierung von Verschlüsselung: Projekte & Features in der Cryptographischen Cafeteria.

In dem hier vorliegenden Band (3/3) geht es um eine Übersicht an quelloffenen Software-Programmen und Projekten zur Verschlüsselung. Sie sind zentral, um Bürgerinnen und Bürgern einen Schutz vor Überwachung sowie eine Perspektive zur Absicherung des Briefgeheimnisses und ihrer Privatheit zu ermöglichen.

Ein Buch eben zu ausgewählten Verschlüsselungs-Apps und Tools. Beginnend mit VeryCrypt, weiterhin der Verschlüsselungs-Suite Spot-On, sowie Werkzeugen zur Verschlüsselung von Dateien und deren Transfer bis hin zu einem Überblick an quell-offenen Messengern mit Verschlüsselung und/oder eigenem Chat-Server oder dem anonymen Websurfen mit dem Tor-Browser.

Insbesondere adressiert an Lernende im Bereich der Informationstechnologie sowie der angewandten Kryptographie, deren Programmier-

Kenntnisse auch in der theoretischen Mathematik und Kryptographie zu stärken sind, unterstützt dieser Band die Idee, dass eine tiefergehende Analyse und nachvollzogene Quellcode-Kompilation eines dieser hier vorgestellten Programme zu einer grundlegenden Stunde in der schulischen Ausbildung gehört. Einige mögliche Blaupausen sind zum Status Quo kryptographischer Funktionen und Spezifikationen ausführlich beschrieben.

Viel Spaß beim Lesen in diesem Band wünscht Ihnen

Theo Tenzer, zu Beginn des Jahres 2024.

VORWORT:
ZUR WELTWEITEN KRISE DER PRIVATSPHÄRE -
DER AUFBRUCH VON VERSCHLÜSSELUNG UND IHR WEG IN DIE
DRITTE EPOCHE DER KRYPTOGRAPHIE •

Liebe Leserin und lieber Leser,

Sie waren noch nie auf einem Einführungs-Workshop in die Kryptographie - oder auf einer sogenannten »Crypto-Party« -, um der Kunst der Verschlüsselung zu begegnen?

Wir befinden uns im 21. Jahrhundert in einer weltweiten Krise der Privatsphäre. Nicht nur die von uns zur Verfügung gestellten privaten Daten werden immer mehr gesammelt und gespeichert, sondern auch im Internet entstehende und einsehbare Datenspuren, persönliche Interessen und Verhaltenspräferenzen sowie die Inhalte von E-Mails und Chat-Nachrichten von uns allen werden abgefangen, inhaltlich analysiert und zielgerichtet miteinander verknüpft.

Verschlüsselung kann dabei helfen, diese Daten zu schützen. Um vertraulich, angstfrei und abhörsicher zu kommunizieren, bedarf es einfacher und praktischer Verschlüsselung für alle. Aber wie kann diese wirklich allen zur Verfügung stehen?

Die aktuellen Diskussionen zum Thema Verschlüsselung umfassen dabei zugleich ein Recht auf Verschlüsselung sowie auch Einschränkungen von Verschlüsselung. Insbesondere geht es um die sog. »Ende-zu-Ende-Verschlüsselung«, nach der nur zwei Freundinnen bzw. Freunde einen gemeinsamen Schlüssel für einen sicheren Kommunikationskanal kennen. Dritte Lauscherinnen und Lauscher werden mit der Ende-zu-Ende-Verschlüsselung ausgeschlossen.

Die Magie, lesbare Zeichen durch andere, anscheinend zufällige und damit unlesbare Zeichen zu ersetzen, hatte seit Jahrhunderten fast schon etwas Religiöses: Nur Eingeweihte in die Erfindung einer Geheimsprache konnten die Botschaften knacken. Verschlüsselung blieb Super Secreto - Top Secret - Streng Geheim, wie es im Lateinamerikanischen bzw. Englischen auch heißt. Grund genug, »*Super Secreto*« als Titel für das in Ihren Händen befindliche Buch bzw. diese 3-Bände-Reihenausgabe zu wählen.

In den vergangenen Jahren haben sich viele Autorinnen und Autoren, Wissenschaftlerinnen und Wissenschaftler sowie Publizistinnen und Publizisten eingebracht, um das Thema Kryptographie und das Wissen um die Grundlagen und Methoden der Verschlüsselung auch einer breiteren Öffentlichkeit zugänglich und verständlich zu machen.

Diese Einführungen sind meist aus Sicht der Mathematik oder Informatik reich an fachlichem Detailwissen: Sie erläutern Berechnungen mit Primzahlen, die Anwendung von Handlungs- und Verfahrensoperationen, also den sog. Algorithmen; oder es geht um den Einsatz von Computern, um automatisiert zu bestätigen, dass wir ausschließlich nur wir sind, wenn wir im Internet etwas tätigen oder kommunizieren.

Und Berichte aus Sicht der Wissenschaftsgeschichte sind reich an historischen Begebenheiten: wie *Gaius Julius Caesar* eine nach selbsterfundenem Muster verschlüsselte Botschaft dem Reiter eines Pferdes mitgegeben haben soll, um damit besseren Einfluss auf seine strategische Aufstellung im Erlangen der Alleinherrschaft in Rom zu erwirken; ebenso populär: wie die Königin von Schottland, *Maria Stuart*, ihre Briefe an die Verschwörer gegen *Königin Elisabeth I.* verschlüsselte, um die Englische Krone an sich zu reißen; oder wie *Alan Turing* während des Zweiten Weltkrieges ebenso in England an der Entzifferung der mit der »Enigma«-Maschine verschlüsselten deutschen Funksprüche maßgeblich beteiligt war.

Viele Menschen, die heute über das Internet kommunizieren, wollen verständlich begreifen, wie Verschlüsselung in ihrem Messenger funktioniert und wie Kryptographie unsere Sicherheit im Internet erhöht: Denn sie wollen sicher sein, dass ihre Kommunikation auch auf dem elektronischen Weg geschützt ist und nicht von Dritten eingesehen und abgehört werden kann.

Gleichwohl wollen und müssen ausführende Staatsbehörden wie Europol, das FBI oder die Polizeistation in der nächsten Straße unseres Häuserviertels die Kommunikation von Kriminellen auslesen und überwachen können. Sie können es aber nicht. Weil es technisch ohne Schlüssel in der Kryptographie nur sehr schwer, also kaum, oder: auch gar nicht geht.

In den öffentlichen Debatten und rhetorischen Wortgefechten - den sog. »Crypto-Wars« - von Politikerinnen und Politikern, Informatikerinnen und Informatikern sowie Bürgerrechtlerinnen und Bürgerrechtlern über die weitere Entwicklung und den Sinn der Anwendung von Verschlüsselung, ist heute jede und jeder einbezogen. Verschlüsselung ist kein Thema mehr des Militärs oder allein von Staatsregierungen. Im heutigen Zeitalter der Smartphone- und Taschen-Computer steht Verschlüsselung mittlerweile allen zur Verfügung.

Und: Verschlüsselung befindet sich durch quell-offene Programmierungen und neue Innovationen in einer rapiden Entwicklung. Diese *Transformation der Kryptographie* ist vor allem gekennzeichnet durch die Anwendung besserer Algorithmen, Prozesse und Protokolle sowie längerer und vielfältigerer - und damit sicherer - Schlüssel: Immer raffiniertere Mathematik berechnet in unseren Messengern immer schneller den geheimen, sog. »Cipher-Text« mit einer Vielzahl an entsprechenden Schlüsseln.

Die Dritte Epoche der Kryptographie wird präsenter

Doch nun wird die *Dritte Epoche der Kryptographie* noch deutlich präsenter: Immer mehr Quanten-Computer rechnen mit immer weiter steigender Rechengeschwindigkeit. Gemessen wird sie in der Einheit von Quanten-Bits, kurz: QuBits. Während die QuBits eines Quanten-Computers vor wenigen Jahren noch an einer Hand abgezählt werden konnten, hat sich die Rechengeschwindigkeit inzwischen mehr als verzehnfacht und soll in wenigen Jahren nicht nur dreistellig, sondern auch vierstellig werden. Zudem werden einzelne Quanten-Computer inzwischen auch über Langstrecken oder gar per Satellit zu ganzen Netzwerken zusammengeschaltet.

Mehrfache Verschlüsselung

Weitere Anpassungen zur Erhöhung der Sicherheit finden statt: *Multi-Verschlüsselung*, sog. »Super-Encipherment«, also die Anwendung von erneuter, ggf. mehrfacher Verschlüsselung auf bereits bestehende Verschlüsselung bzw. bereits verschlüsselten Text - wie genannt: den Cipher-Text - erwirkt weitere grundlegende Transformationen. Was bedeutet diese doppelte, dreifache oder gar mehrfache Verschlüsselung für die Telegraphie der Zukunft? Diese und weitere Fragen wollen wir in diesem Band ergründen.

Bessere Algorithmen zur Verschlüsselung

Die vorgenannten Super- und Quanten-Computer mit ihrer schnelleren, und neuen Qualitäts-Dimension an Rechenkapazität erfordern zudem neue bzw. andere Algorithmen für mehr Sicherheit im Internet und bei der

Verschlüsselung: der bekannte und vielfach verwendete Algorithmus RSA gilt angesichts der schnellen Quanten-Computer als kritisch bzw. als nicht mehr länger sicher, um nicht zu sagen: als gebrochen. Und andere *Algorithmen wie McEliece oder NTRU* - die demgegenüber bislang als sicher gelten - haben einen grundlegenden Wechsel in der angewandten Programmierung eingeläutet – ein Wandel, wie wir es derzeit bei der Dekarbonisierung der Energie erleben: Autos fahren nicht mehr mit flüssigem Benzin- bzw. Diesel-Kraftstoff, sondern wechseln auf Elektro-Antrieb, gespeist aus regenerativen Methoden der Energiegewinnung: Sonne, Wasser, Wind, Erdwärme... Der Motor, mit seiner Technologie und antreibenden Kraft, wird gewechselt.

Software mit der oftmals verwendeten, aber als potenziell unsicher geltenden RSA-Verschlüsselung erreicht – in Anbetracht der schnellen Super-Computer – offiziell eingeschätzt nun schon seit 2016 – das Ende des Produkt-Lebenszyklus, oder gehört zumindest aktualisiert bzw. ergänzt um bessere Standards.

Beyond Cryptographic Routing
mit exponentieller Verschlüsselung

Vor dem Knacken von Verschlüsselung helfen jedoch nicht nur bessere Algorithmen oder Multi-Verschlüsselung, sondern auch neue Wege beim Routing und Austausch der Nachrichten- und Daten-Pakete im Internet. Das seit einigen Jahren entwickelte Echo-Protokoll beispielweise ergänzt die Verschlüsselung daher um eine Theorie und Praxis der Graphen, d.h., welche Wege im Internet unsere Nachrichten als multi-verschlüsselte Pakete also nehmen. Diese neue Routing-Form mit verschlüsselten Daten-Paketen wird nach diesem Konzept mit *exponentieller Verschlüsselung* bezeichnet: Routing wird aufgrund kryptographischer Prozesse ohne Ziel-Informationen in der Route durchgeführt, so dass von »*Beyond Cryptographic Routing*« gesprochen wird: Das Routing findet ohne zielgerichtetes Routing statt. Und demnach werden alle Knotenpunkte durch potenziell exponentielle Vervielfältigung der Nachricht und ihrer Weiterleitung erreicht. Das bedeutet, Routing wird seiner Identität beraubt: Routing ohne Routing - in einem Zeitalter, das innovationstechnisch hinter (englisch: »beyond«) dem Status für Wegstrecken liegt, die netzwerktechnisch oder gar kryptographisch gekennzeichnet wären.

Abstinenz in der Schlüsselübertragung

Und: Früher musste beides – Schlüssel wie der verschlüsselte Text – (über eine dieser Wegstrecken) zur Empfängerin bzw. zum Empfänger übertragen werden. In der heutigen elektronischen Kryptographie ist eine Übertragung der Schlüssel nicht mehr zwingend notwendig: Der riskante Transportweg für die Schlüssel kann entfallen!

Ja, heute kann auch bei unseren beliebten Messengern auf die *Übertragung von Schlüsseln im Internet* für eine spätere Entschlüsselung verzichtet werden. »Ein Schlüssel muss dem Gegenüber doch gegeben werden, um eine Türe öffnen zu können?«, werden manche fragen.

Um die Faszination, wie die Kryptographie abstinent wurde in der Übermittlung von Schlüsseln durch die prozessorientierte Mathematik sog. »kenntnisfreier Beweise« (englisch: »Zero-Knowledge Proofs«) – und welche Auswirkung es auf den Wunsch der Staatsmächte nach Zweitschlüsseln hat – soll es ebenso in diesem politischen und technischen Innovations- und Wissenschaftsportrait gehen: Im weiteren Verlauf werden die Besonderheiten der neuen Schlüssel namens »Juggerknaut Schlüssel« und »Secret Streams Schlüssel« weiter erläutert hinsichtlich ihres fundamentalen Charakters und ihrer transformierenden Wirkung im Bereich der angewandten Kryptographie.

Demokratisierung dank Quell-Offenheit

Und schließlich hat eine *Demokratisierung der Verschlüsselung* stattgefunden: Sie steht heute dank quell-offener Software allen zur Verfügung und das Wissen darum ist nicht mehr elitär, sondern säkularisiert und demokratisiert in der Hand aller Bürgerinnen und Bürger, die sich dieses verfügbare Wissen im Bereich der Kryptographie erschließen, und ihre Kompetenzen zur Nutzung oder gar Erstellung von verschlüsselnden Programmen erweitern.

Fragen und Antworten im breiten Lern-Dialog

Moderne Verschlüsselung wirft daher nicht nur viele Fragen auf, beispielsweise mit oder ab welcher Rechenkapazität in QuBits (und mit welcher entsprechenden Zeitdauer) ein Algorithmus gebrochen werden kann; oder ob mehrfache, hintereinander angewandte Verschlüsselungen zu höherer Sicherheit führen; oder ob Lernende oder Kriminelle Maschinen-

Code selbst kompilieren, d.h. zu einem ausführbaren Software-Programm für die Verschlüsselung umwandeln können und werden?

Zugleich bietet angewandte Kryptographie auch zahlreiche Antworten auf die Herausforderungen der (Natur-)Wissenschaften, der Gesellschaft und unserer modernen Zeit: So können smarte Programmierungen bereits mobile Kommunikationsgeräte mit Verschlüsselungen ausrüsten, deren Algorithmen sich auch gegenüber erweiterter Rechenkapazität als sicher erweisen und die Cyber-Sicherheit im Internet verstärken – es Ermittlungsbehörden aber auch nicht mehr erlauben, in die verschlüsselten Nachrichtenpakete hineinzusehen.

In den öffentlichen Diskussionen dieser unterschiedlichen Betrachtungsansätze müssen somit schließlich auch insbesondere politische und soziale Akteurinnen und Akteure einbezogen sein, um Sicherheit durch Verschlüsselung und auch Sicherheit während und trotz der Anwendung von Verschlüsselung zu analysieren.

Wir alle müssen unser Wissen, unsere Kompetenzen und Erfahrungen im Bereich Verschlüsselung aktualisieren

Kryptographische Anwendungen und Programme werden vorwiegend zu einem Drittel in Nordamerika hergestellt sowie auch in Europa, wo in den führenden Ländern Deutschland, England und Frankreich etwa die Hälfte der Applikationen quell-offen sind, d.h. der Maschinen-Code von jeder und jedem Verständigen eingesehen und die Funktionsweise und Programmierung nachvollzogen werden kann.

Begeisterung, geheime bzw. nicht entzifferbare Botschaften über das Internet zu senden, wird nicht nur durch Studierende und ein völlig neues Publikum an Leserinnen und Lesern in diesen Ländern Nordamerikas und Europas gezeigt, sondern auch in den weiteren Ländern, in denen der Geheimdienst-Verbund der *Fünf Augen* (Englisch: *»Five-Eyes«*) – also weiterhin die Länder Australien, Kanada, Neuseeland und das Vereinigte Königreich – und/oder ihre aufmerksamen Beobachterinnen und Beobachter zuhause sind.

Das heißt zugleich aber auch, Länder wie Russland, China, Indien und islamische und arabische sowie weitere Staaten, die aus politischen Gründen das Internet nach führungsrelevanten Opportunitäten gestalten oder zu blockieren versuchen, haben – neben den Lernenden sowie Wissenschaftlerinnen und Wissenschaftlern an den Schulen und Hochschulen dieser jeweiligen Länder – hohes Interesse, in einen Dialog über Verschlüsselung und ihrer Funktion in der *Dritten Epoche der Kryptographie* zu kommen.

Kurzum, diese weltweiten Akteurinnen und Akteure einer Allianz der Interessierten überlegen auch, wie man Messenger und den Code verschlüsselter Botschaften nicht nur sicherer gestalten, sondern auch knacken kann! Und: wie man Daten an geeigneter Stelle abgreifen und dauerhaft speichern kann – oder seine persönlichen Daten schützt, durch technische Maßnahmen oder Gesetze, die für alle gelten. Das heißt, es wird gefragt, wie die bei Verschlüsselung dahinterstehende Mathematik auch politisch nachvollzogen und genutzt werden kann.

Kann Mathematik ein Grundrecht sein oder verboten werden? Und wenn wir Kryptographie nicht in der frühen Schule wie Sprachen, Sport und Mathematik erlernt haben, wann ist ein geeigneter Zeitpunkt, sich dafür zu begeistern, z.B. wenn sie individuell, bürgerrechtlich, professionell, gesellschaftlich oder militärisch eingesetzt werden soll? Dieser Dialog um Verschlüsselung und ihre Software bleibt schließlich immer mit den Bürgerinnen und Bürgern sowie Lernenden verbunden. Und auch mit dem Thema des Schutzes ihrer Privatheit.

Viele bisherige Ausführungen zur Kryptographie sind nicht nur fachbezogen einschlägig, sondern auch schlicht veraltet und bleiben an der Schwelle zur *Dritten Epoche der Kryptographie* stehen: So wird oftmals in einem letzten Kapitel beispielsweise auf den (später noch erläuterten) Verschlüsselungsstandard »PGP« – Pretty Good Privacy – verwiesen, ohne einen Ausblick zu thematisieren, dass dieser auf Algorithmen basiert, die von der Zeit überholt werden könnten. In der quell-offenen Variante (und im Folgenden) wird »PGP« auch »GPG« genannt, abgeleitet von »GNU Privacy Guard«. Doch GPG müsste ggf. bald mit dem besseren Algorithmus McEliece als mögliche Alternative geprüft und versehen werden.

Oder es wird ein Ausblick auf die fachlichen Diskussionen um »PQ« – Post-Quantum-Kryptographie – gewagt: Es geht seit der ersten fachbezogenen Konferenz im Jahre 2006 um Verschlüsselung von E-Mails sowie die (un)wahrscheinliche Möglichkeit, diese durch Super-Quanten-Computer und ihre schnellen Berechnungsweisen auf Basis quantenmechanischer Zustände wieder zu brechen. Oft verbleibt ein solcher Ausblick wiederum im Gremium der Expertinnen und Experten, oder empfiehlt sich mit der beschwichtigenden Mitteilung, dass sich Verbraucherinnen und Verbraucher in den kommenden Jahren keinen Super-Computer im nächsten Super-Markt kaufen können.

Zahlreiche Bezüge in den Überblickswerken werden zu den 1970er, 1990er oder 2000er Jahre hergestellt - doch das ist inzwischen schon viele Jahrzehnte her!

Es bleibt daher richtig, dieses fortwährend gedanklich mitreißende, und zugleich hochinteressante Thema der Kryptographie mit ihren modernen und epochalen Entwicklungen sowie ihren praktischen Fragestellungen und Lösungsantworten zu Verschlüsselungen und Entschlüsselungen nicht nur in den Natur- und Geisteswissenschaften, sondern insbesondere auch in der breiten Öffentlichkeit weiter zu fördern. Ja, es bleibt Aufgabe, ein Verschlüsselungs-Programm auch für sich selbst in der Anwendung als gute Praxis zu entdecken!

Es bedarf der Besprechung von multipler, exponentieller, quanten-sicherer und vor allen Dingen einfacher und praktischer Verschlüsselung für alle, die dennoch vielleicht gar nicht für alle zur Verfügung stehen darf?

Der vorliegende Band möchte Sie als Leserinnen und Leser dazu in verständlicher Sprache zu einem Eintritt in diesen Dialog und zu einer kritischen, d.h. nachfragenden Diskussion über diese Standards und Entwicklungen im Bereich der Kryptographie einladen - und ermuntern, kryptographische Funktionen kennen zu lernen, mit zu durchdenken, und Software-Programme ggf. einfach mal anzuwenden.

Danksagung: A Big Thank You !

Wir alle benötigen im Leben hier und da für erste Einblicke und Schritte in neue oder zu vertiefende Thematiken manchmal eine Mentorin oder einen Mentor. Mit einer persönlichen und erzählenden Vermittlung finden und fanden wir so einen Zugang zu dem, was bislang Neuland war.

Auch ich hatte damals diesen Mentor bzw. Tutor für einen ersten Zugang im Bereich Kryptographie und möchte ihm ganz herzlich dafür danken - wie auch allen weiteren Beteiligten im Entstehen dieses Buches zum

Thema Verschlüsselung und ihrer Implikationen in technischer, politischer und gesellschaftlicher Hinsicht.

Mein Dank gilt auch den weiteren Helferinnen und Helfern wie Kolleginnen und Kollegen im herstellenden Verlag, Lehrerinnen und Lehrern, Buchhändlerinnen und Buchhändlern sowie Bibliothekarinnen und Bibliothekare, die unermüdlich daran mitwirken, dass die Inhalte moderner Sachbücher bei uns Bürgerinnen und Bürgern verständlich ankommen und ihre Ideen eine Initiation des Interesses und der Begeisterung finden.

So können letztlich auch Reflexions- und Handlungsfähigkeit in der Einschätzung und Anwendung von Verschlüsselungstechnik auf breiter Basis sichergestellt werden.

Mein Dank geht nicht zuletzt an alle Leserinnen und Leser, die sich mit auf den Weg machen, die Inhalte dieses Portraits aus verschiedenen Blickwinkeln kennen zu lernen, um eine beginnende, neue Zeit mit ihren kryptographischen Funktionalitäten und Notwendigkeiten sowie technischen, sozialen und wirtschaftlichen Folgen und Chancen einzuschätzen.

Mein besonderer Dank geht an meinen langjährigen Kameraden und guten Freund *Jo van der Lou*, mit dem ich Ideen und Gedanken oft über einen Messenger, manchmal unverschlüsselt, manchmal verschlüsselt durchsprach (nicht, weil der Gesprächsinhalt Vertraulichkeit erforderte, oder wir diesen Standard immer gesetzt haben möchten, sondern wir gerade mal einen weiteren Messenger oder GPG austesteten), und so in diesem Austausch zahlreiche Anregungen und Impulse auch zu persönlichen, familiären oder beruflichen Themen erhielt. Ohne ihn wäre dieses Buch – *»Super Secreto«: Die Dritte Epoche der Kryptographie* – niemals möglich gewesen.

Vielen Dank allen, die dazu beitragen, sich und anderen einen ersten oder erweiternden Zugang zum Thema *Verschlüsselung für alle* zu verschaffen, und darüber mitdiskutieren, ob sie wirklich allen zur Verfügung steht, stehen kann oder stehen darf – und, welche Rolle wir als Lernende und Lehrende dabei einnehmen, ja einnehmen müssen.

Theo Tenzer am 24. Mai 2021.

EINLEITUNG: APPS, PROGRAMME UND WERKZEUGE – MIT DENEN LERNENDE LERNEN, VERSCHLÜSSELUNGS-MEISTERIN UND -MEISTER NR. 1 ZU WERDEN ●

Die weiteren Abschnitte zu bekannten Software-Programmen erläutern deren Nutzen zur Erhöhung der Sicherheit im Internet sowie auch deren kryptographische Aspekte.

Nicht jedes Programm wird im Laufe der Zeit aktualisiert oder weiterentwickelt werden. Einige haben eine definierte Basis an Nutzerinnen und Nutzern, sind ggf. nicht mehr oder noch nicht so populär.

Auch Prototypen und die sog. »Frühen Vögel« (englisch: »Early Birds«), die an ihrer technischen Idee und ihrem architektonischen Design zu keiner Zeit etwas einbüßen, reifen weiter bzw. werden sich voraussichtlich noch weiter entfalten, indem sie durch Schülerinnen und Schüler, Studierende und Lernende oder durch eine nächste Generation an Entwicklerinnen und Entwickler vertiefend analysiert, verglichen und angewandt oder gar neugestaltet werden.

1 # FESTPLATTEN-VERSCHLÜSSELUNG MIT VERACRYPT ●

VeraCrypt ist der Nachfolger von TrueCrypt und dient zur Verschlüsselung der Festplatte im Computer bzw. des ganzen Betriebssystems. Das Programm wurde ursprünglich von zwei kaum in der Öffentlichkeit stehenden Programmierern entwickelt, bis diese plötzlich beide von diesem Projekt zurücktraten. Es wurde vermutet, dass sie zurücktreten mussten, weil sie ggf. von staatlichen Akteuren dazu aufgefordert wurden. Kann dieses bedeuten, dass die Software zu gut war? Und staatliche Stellen sich die Zähne an der Festplattenverschlüsselung ausgebissen haben?

Die letzte Version von TrueCrypt 7.1a ist nach wie vor im Netz verfügbar und funktioniert wunderbar. Interessant ist, dass die Entwickler bei dem Stopp ihres Projektes als Grund auch mit anklingen ließen, dass TrueCrypt 7.1 Schwächen habe und daher nicht weiter genutzt werden sollte. Auch dieses kann eine lancierte und damit gewollte bzw. aufgezwungene Nachricht sein, damit diese starke Verschlüsselung in der Version 7.1a nicht weiter eingesetzt wird.

Da TrueCrypt immer schon quell-offen war, hat das Programm bei einem Entwickler und Kryptologen in Frankreich eine neue Heimat unter dem Namen VeraCrypt gefunden. Ebenso erfolgte bei der Übernahme des Projektes eine Sicherheitsüberprüfung von TrueCrypt. Es wurden nur geringe Mängel gefunden, die inzwischen schon ausgebessert wurden. Das Programm wurde seinerzeit wie auch heute also grundlegend nicht in Frage gestellt. Insofern ist auch derzeit weiter davon auszugehen, dass es sich um eine beabsichtigte strategische Nachricht gehandelt haben könnte, dass TrueCrypt 7.1 Schwächen habe. Denn potenzielle, leichte Schwächen kann jeder Code haben und diese werden i.d.R. bei der nächsten Version ausgebessert.

Das Programm TrueCrypt bzw. heute VeraCrypt hat dabei zwei wesentliche kryptographische Funktionen: Es kann einen auch über mehrere Gigabyte großen Container erstellen, also eine Datei wie »container.dat«, die dann verschlüsselt ist und ein eigenes neues Laufwerk, einen neuen Datei-Pfad, enthält. So kann man alle seine Dokumente darin sicher aufbewahren. Die Dokumente sind unverschlüsselt, aber durch Speicherung in diesem verschlüsselten Container, quasi als Hülle, werden sie erst mit einem Passwort zugänglich.

Die zweite Grundfunktion besteht darin, dass man nicht einen Pfad in eine Container-Datei packt, sondern gleich das ganze Betriebssystem verschlüsselt. Dann muss die Nutzerin bzw. der Nutzer beim Start des Laptops erst ein Passwort eingeben, bevor überhaupt das Betriebssystem startet.

Dieses ist beispielsweise sinnvoll, wenn Firmen-Laptops im Firmenwagen frei auf dem Beifahrersitz liegen und nach dieser Einladung gestohlen werden. Die Diebin bzw. der Dieb kann den Laptop jedoch bei Installation von VeraCrypt ohne Kenntnis des Passwortes nicht starten und selbst bei ausgebauter Festplatte können die Daten nicht ausgelesen werden.
Veracrypt wird zunehmend beim Einsatz in Unternehmen durch eine ähnliche Funktion im Microsoft Betriebssystem Windows zurückgedrängt: Bitlocker. Auch Windows startet mit dieser Option von Bitlocker nur, wenn ein Passwort eingegeben ist.

Ebenso haben Linux-Betriebssysteme eigene Verschlüsselungen für die Daten-Partition.

Firmen müssten somit also nicht mehr VeraCrypt zusätzlich installieren. Es ist jedoch (natürlich und mutmaßlich) davon auszugehen, dass staatliche Stellen (bzw. zumindest das Unternehmen Microsoft als Anbieter selbst) Bitlocker jederzeit »locker« öffnen können. Für die einfache Laptop-Diebin bzw. -Dieb ist es jedoch nicht möglich, diese Verschlüsselung zu überwinden - und für die IT-Abteilungen ist es wiederum einmal bequem, keine weitere Software aufspielen zu müssen.

Abbildung 1: VeraCrypt – Container Erstellung

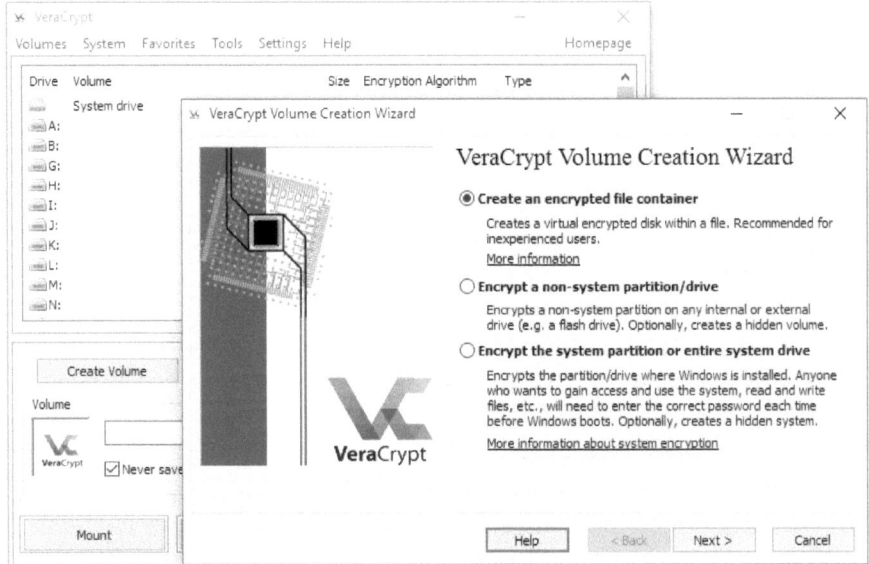

Quelle: [1]

Für die Privatanwenderin und den Privatanwender mag die Situation jedoch anders aussehen. Diese möchten ggf. eine sichere Software anwenden und eine quell-offene Software dazu: VeraCrypt ist also das Mittel der Wahl für den privaten Anwendungsfall, um den Laptop oder die Festplatte eines Computers zu verschlüsseln.

Inzwischen wurde VeraCrypt auch vom *Deutschen Bundesamt für Sicherheit in der Informationstechnik* (BSI) auditiert: »Bei der Untersuchung von VeraCrypt wurden keine gravierenden Schwachstellen identifiziert.«[2]

Wie Anwenderinnen und Anwender auch mit weiteren Applikationen einzelne Dateien – statt ganzer Pfade, Betriebssysteme oder Festplatten – verschlüsseln, kommen wir später noch. Denn im Wesentlichen wollen Nutzerinnen und Nutzer ja ihre Dateien verschlüsselt wissen, wenn sie diese z.B. auf einem Datenträger oder in der Cloud ablegen, oder wenn sie

Text mit einem Messenger versenden. Betrachten wir daher im Folgenden zunächst einmal Kommunikationsprogramme: die Messenger.

2 # SMOKE CRYPTO CHAT: MOBILER MCELIECE-MESSENGER ●

Smoke Crypto Chat Messenger ist eine quell-offene Software Applikation für das Android Betriebssystem.

Der Smoke-Messenger gilt als weltweit der erste mobile Messenger, der den McEliece-Algorithmus im Bereich der Chat-Messenger für mobile Geräte eingeführt hat. Das heißt, dass der Messenger aufgrund dieses besonders sicheren Algorithmus gegen Angriffe von schnellen Quanten-Computern abgesichert ist.

Darüber hinaus hat die Applikation das sog. »Fiasco Forwarding« mit seinen Fiasco-Schlüsseln begründet, das eine höhere Sicherheit bietet, als es bei anderen Messengern z.b. mit dem Double-Ratchet Verfahren gegeben ist (vgl. WhatsApp, Omemo, Signal, etc.).

Weiterhin ist der Messenger kompatibel mit der Echo-Verschlüsselung, die multiple Verschlüsselungstechniken einsetzen kann.

Und viertens sind mit Smoke die sog. »Juggerknaut Schlüssel« etabliert worden, die nicht mehr im Internet übertragen werden müssen, sondern auf beiden Seiten abgeleitet sind.

Die Dateiübertragungen setzten auf Ende-zu-Ende-Verschlüsselung mit dem Steam-Protokoll (TCP-E), das ebenso auf den Versand von Schlüsseln verzichtet und die Datei auch über mehrere Zwischenstationen hinweg zuverlässig überträgt.

Der Verzicht des Hochladens von eigener Telefonnummer oder der Telefonnummern von Freundinnen und Freunde aus dem Kontaktbuch, das Verbinden zu einem quell-offenen Server, sowie der Einsatz eigener oder exportierter/importierter Schlüssel, und damit auch der gleichzeitige Einsatz der Applikation auf mehreren Geräten, ist bei Smoke als Selbstverständlichkeit anzusehen.

Die wichtigen Kriterien der Datenschutzgrundverordnung (DSGVO) - wie kein Upload von Telefonnummern oder Freundeslisten - werden also erfüllt und unterscheiden diesen quell-offenen Messenger von den kommerziellen. Er ist daher ideal zur Weiterentwicklung in eigenen Projekten für schulische und kommunale bzw. organisationale Zwecke, bei denen die DSGVO grundlegend zu beachten ist.

Zu ausgewählten Funktionen und Charakteristika im Einzelnen:

Chat über den McEliece-Algorithmus: Der Smoke Messenger setzt den McEliece-Algorithmus gleich mit mehreren unterschiedlichen Moduli, d.h. Auswahl-Varianten, ein: Smoke unterstützt McEliece-Fujisaki[3] und McEliece-Pointcheval[4] über die Bibliothek BouncyCastle.

Die Pointcheval-Anpassung ist ein Modulus nach den Arbeiten von *David Pointcheval*, der als französischer Kryptograph und erfahrener Forscher lange Jahre beim Nationalen Wissenschaftlichen Forschungszentrum CNRS tätig ist (*Centre national de la recherche scientifique*). Dort leitet er den Fachbereich Informatik und das Kryptographie-Labor an der französischen Hochschule »*École Normale Supérieure*«.

Die anderen beiden McEliece-Moduli im Smoke Messenger sind zwei *Fujisaki-Okamato* Konversionen, nach den Arbeiten von beiden gleichnamigen Forschern der NTT Laboratories in Yokosuka-shi in Japan. Die NTT Forschungs- und Entwicklungslabore weisen sich aus mit der Vision, dass dort Technologie ein so überzeugender Teil der Gesellschaft werden soll, dass die Bevölkerung über deren Präsenz ganz im Unbewussten bleibe – sprich: diese Technologie selbstverständlich werde[5]. Dementsprechend sind die beiden Forscher auch mehr den Kreisen von Expertinnen und Experten bekannt und meiden die Öffentlichkeit eher.

Das, was sie in ihrer Modulus-Anpassung ersonnen haben zur besseren Umsetzung des McEliece-Algorithmus und nunmehr im mobilen McEliece-Messenger als erste Programmierung vorliegt, hat in der Tat das Potenzial, angelehnt an die Vision von NTT, eine Messenger-Technologie zu sein, die Nutzerinnen und Nutzer einfach und selbstverständlich anwenden, ohne dass ihnen bewusst ist, dass sie eine sehr moderne Modellprojekt-Technologie verwenden, die wesentlich sicherer ist als die vieler üblicher Anwendungen.

Da es jedoch zwanzig Jahre dauerte, bis der McEliece-Algorithmus (1978) mit diesen Moduli theoretisch erweitert wurde (2002) und nochmals rund zwanzig Jahre dauerte, bis so ein Modulus in einen mobilen Messenger angewandt implementiert wurde (ab 2016), wird es ggf. nunmehr hoffentlich weniger als Jahrzehnte dauern, bis diese Messenger-Technologie und sein Quellcode eine weitverbreitetere Anwendung auch in weiterer Folge- und Aufbau-Aktivitäten findet. Oder auch wie VeraCrypt ggf. z.b. vom *Bundesamt für Sicherheit in der Informationssicherheit* (BSI) zeitnah weitergehend analysiert oder auditiert wird, wenn dieser Algorithmus als derzeit sicherste Technologie eingeschätzt wird, die wir gegen die Rechner mit hoher Leistungskapazität haben.

Schließlich ist im Smoke Messenger auch noch ein besonders zukunftssicherer Super-McEliece Modulus als vierte Variante enthalten, die mit besonders großen Konstanten in der Verschlüsselung arbeitet (m=13, T=118).

Zugleich wird in der Smoke App ergänzend noch das RSA-Verfahren mit starken Schlüsseln für die Verschlüsselung angeboten. Der mathematische Clou ist: dass Nutzerinnen und Nutzer mit dem McEliece-Algorithmus auch chatten können mit denen, die noch den RSA-Algorithmus anwenden.

Genügend Forschungsbedarf also für die nächsten Generationen an Studierenden, dieses Programm angewandter Kryptographie ausgiebig zu studieren, inklusive seines Quellcodes, der von *Casio Moonlander* als Lehrbuch[6] mit kommentierten technischen Anmerkungen veröffentlicht wurde. Denn, die Applikation ist viel mehr als nur Chat: Es ist eine Android Echo Software Applikation, die weitere kryptographische und protokollbezogene Funktionen wie z.b. das Schlüsselmanagement oder eine Cryptographic Discovery Funktion mit seinem Pendant, dem SmokeStack Server, zusammen entfaltet. Durch Cryptographic Discovery lernen Server, verschlüsselte Pakete an die entsprechenden mobilen Klienten weiterzuleiten, ohne eine batterie-intensive Datenverantwortlichkeit auf der Klientenseite vorzusehen.

Multi-Verschlüsselung und weitere Merkmale: Der Messenger ist kompatibel mit dem multi-verschlüsselnden und damit besonders sicheren Protokoll eines Echo-Servers, bei dem die verschlüsselte Nachricht letztlich über HTTPS übertragen wird. Der Versand ist also nochmals abgesichert mit einer selbstsignierten SSL/TLS-Verbindung. Auch der Versand über HTTP-Listener bzw. -Server bleibt (im Non-TLS-Modus) möglich.

Nachrichten an Freundinnen und Freunde, die offline sind, werden in einem sog. »Ozone-Postfach« zwischengespeichert, das sich im Server SmokeStack einfach mit einem Begriff wie »Alice« einrichten lässt. Den Rest übernehmen die kryptographischen Schlüssel.

Fiasco Forwarding: Eine besondere Stärke ist im Smoke Messenger nicht nur durch den McEliece-Algorithmus, sondern auch durch die Methoden der Ende-zu-Ende-Verschlüsselung gegeben: Nutzerinnen und Nutzer haben durch die Implementierungen beim Cryptographischen Calling zahlreiche Optionen: sie können ein eigenes Passwort hinterlegen, oder eines ableiten lassen, oder von der asymmetrischen Verschlüsselung auf eine symmetrische Verschlüsselung wechseln.

Mit dem Smoke Crypto Chat Messenger ist schließlich auch das sog. »Fiasco Forwarding« mit seinen Fiasco-Schlüsseln als weitere Form des Cryptographischen Callings etabliert worden: Bislang wurden bei der früheren Jabber-/XMPP-Verschlüsselung pro Online-Sitzung nur ein Schlüssel übertragen (sog. »Off-the-Record«-Methode (OTR)). Der Messenger Signal hat im moderneren Verfahren pro Nachricht einen eigenen Schlüssel verwandt bzw. aus dem Schlüssel der vorherigen Nachricht abgeleitet (sog. »Double-Ratchet«-Verfahren, vgl. auch: Signal- bzw. Omemo-Protokoll-Verschlüsselung).

Der Smoke Messenger bildet insofern nun mit Fiasco Forwarding eine höhere, dritte Stufe von Sicherheit ab:

Nach OTR (ein Schlüssel pro Sitzung) und Double-Ratchet (ein Schlüssel pro Nachricht) folgt nun als nächsthöhere Sicherheitsstufe das Fiasco-Forwarding-Protokoll. Denn mit der im Smoke Messenger entwickelten Methode der Fiasco-Forwarding-Schlüssel werden pro Nachricht gleich eine ganze Handvoll an Schlüssel gebildet. Diese Fiasco-Schlüssel werden in einem Cache gesammelt. Dann werden sie alle der Reihe nach für eine Entschlüsselung ausprobiert. Damit ist die Nachricht aufgrund der temporären Schlüssel - wie bei jedem Forwarding - abstreitbar in Bezug zu den dauerhaften Schlüsseln. Die dauerhaften Schlüssel hingegen sind der Nutzerin bzw. dem Nutzer immer zugehörig (als grundlegende Chat-Schlüssel) und etablieren zunächst eine sichere Verbindung, durch die dann die weiteren temporären Schlüssel gesandt werden.

Die dauerhaften Schlüssel unterliegen somit keiner nur temporären Nutzung - und damit auch keinem »Dress for the Moment«, wie es das Leitbild des Bekleidungsgeschäfts »New Yorker« für junge Mode ist – nach dem man sich in jedem Moment modisch immer wieder neu erfindet oder erfinden soll. *Cryptography for the Moment* à la Fiasco hält dementsprechend mit den Fiasco-Schlüsseln des Fiasco Forwardings jederzeit ausreichend Schlüssel pro Nachricht bereit. Oder man nennt es, wie die deutsche Bevölkerung es in Zeiten der Corona-Pandemie beim Hamstern von Toilettenpapier oftmals formulierte: »Vorratshaltung ist sinnvoll und war es im Übrigen immer schon.«[7] – Dürfen es also ein paar Rollen an Schlüsseln mehr sein?

Juggerknaut-Schlüssel: Eine weitere Art von Ende-zu-Ende-verschlüsselnden Schlüssel im Smoke Messenger sind die im vorderen Teil bereits vorgestellten Juggerknaut-Schlüssel. Diese Schlüssel werden aus einem auf beiden Seiten dauerhaft hinterlegten Passwort abgeleitet, aber nicht über das Internet übertragen. Sie entsprechen dem Konzept der Secret-Streams-Schlüssel in der Encryption Suite Spot-On.

Die mathematische Methode eines kenntnisfreien Beweises (Zero-Knowledge-Proof) berechnet auf beiden Seiten, wie der Juggerknaut-Schlüssel zu definieren ist und prüft, ob auf beiden Seiten der jeweils kompatible Schlüssel vorliegt. D.h. mittels »Juggling« (einem an Jonglage erinnernden Prüfmechanismus, wie die sog. »J-PAKE«-Methode auch weiter oben schon umschrieben ist) werden Schlüssel abgeleitet. Aufgrund der Abstinenz in der Schlüsselübertragung kann somit auch unterwegs kein Schlüssel mehr abgefangen werden.

Mit dieser Methode, bei der die Schlüssel mittels Fiasco Forwarding nun pro Nachricht eine Vielzahl mal nicht übertragen werden, kann wie gesehen von einer *Volatilen Verschlüsselung*[8] gesprochen werden. Es sind temporäre Schlüssel, die wie Federn im Wind kaum zu greifen sind, bzw. ähnlich einer unscheinbaren Imagination bei der Steganographie gar nicht erst am Wegesrande erscheinen oder aufblühen.

Angreiferinnen und Angreifern wird es also äußerst schwer gemacht, diese besonders sichere Ende-zu-Ende-Verschlüsselung zu brechen. Weder mit nur einem Ende-zu-Ende-Schlüssel für die jeweilige Chat-Nachricht, noch hinsichtlich der initialen Verschlüsselung, durch die diese Fiasco-Schlüssel gesandt werden - bzw. bei den Juggerknaut-Schlüsseln: nicht gesandt werden -, kann die Verschlüsselung entschlüsselt werden. Es bedarf mehr als eines initialen Schlüssels, es bedarf temporärer Schlüssel und davon am besten möglichst eine ganze Handvoll oder gar mehr pro Chat-Nachricht - die idealerweise frei von Transporten sind: weder über einen permanenten Kanal noch über einen temporären Kanal.

Und alternativ besteht ja auch die Option, eine derzeit und voraussichtlich auch zukünftig nicht brechbare asymmetrische McEliece-

Verschlüsselung anzuwenden. Auch der Cipher-Text empfiehlt sich also als abhörsicher.

Neben den Juggerknaut-Schlüsseln wurden auch die automatisierten und interaktionsfreien Juggerli Schlüssel im vorderen Teil des Bandes erläutert, die automatisiert Ende-zu-Ende Verschlüsselung mittels XORen eines öffentlichen Schlüssels herstellen können, der über J-PAKE verifiziert ist.

Zusammenspiel mit einem quell-offenen Server: Die quell-offene Chat-App Smoke ist damit technologisch vielen anderen Applikationen durch diese Implementierungen voraus und arbeitet auch mit einem einfach zu administrierenden Server zusammen: SmokeStack heißt der Server für Smoke und ist ebenso eine App für Android. Mit SmokeStack wurden Chat-Server ins Neuland, d.h. auf ein mobiles Endgerät in der Hosentasche einer jeden Jeans gebracht: z.B. einem Smartphone oder Tablet mit Android. Bislang erfordern Chat-Server umfassende Linux- oder Windows-Maschinen. Durch die einfachen HTTPS-Listener kann der Chat jedoch auf jedem Smartphone oder Raspberry-Pi-Computer eingerichtet werden.

Neben SmokeStack funktionieren auch die Listener/Server der Applikationen Spot-On, Spot-On light sowie auch der Server des GoldBug Messengers, da sie alle einen Chat auf Basis von HTTPS inkludieren.

Der GoldBug Messenger hat daher auch ab Version 5.2 in seiner Installationsdatei die Smoke & SmokeStack Android APK-Installations-Datei integriert. Ebenso, wie für quell-offene Applikationen auch vorgeschrieben, ist der Quellcode darin vorhanden, da diese Applikationen kompatibel (interoperabel) und quell-offen sind.

Ein gutes Beispiel also für die oftmals geforderte Interoperabilität der Applikationen untereinander basierend auf dem bekannten HTTPS-Protokoll der hier für Chat genutzten sog. »Echo-Server«.

Ein Modellprojekt begründet weitere Perspektiven in der Dritten Epoche der Kryptographie: Der Smoke Messenger mit seinem Paradigma des Fiasco Forwardings und zugehörigen (zahlreichen) Fiasco-Schlüsseln bzw. Juggerknaut-Schlüsseln, die uns abstinent von der Schlüssel-Übertragung im Internet werden ließen, sowie insbesondere die erstmalige Etablierung des über 40 Jahre alten theoretischen McEliece-Algorithmus in der nun angewandten Kryptographie und quell-offenen Programmierung in einem mobilen Messenger trägt damit als Pionier-Projekt und *Example par Excellence* entscheidend zur Gestaltung der *Dritten Epoche der Kryptographie* bei.

Sagte *Neil Armstrong* bei seiner Mondlandung etwa: »One small step for a messenger - one giant leap for mankind«? – *Louis Armstrong* war es jedenfalls nicht! – sondern: *Casio Moonlander*.

Weiterentwickelnde Gabel-Projekte der Smoke App, deren Repositorien sich bei Github, Gitlab und Sourceforge finden, aus der Gemeinschaft der Entwicklerinnen und Entwickler werden ihre Potentiale, eine einfache und intuitive Benutzeroberfläche zu bieten, sicherlich an manchen Stellen noch für weitere Nutzungsfreundlichkeiten einbringen können.

Ein Modellprojekt also, das durch weitere Entwicklerinnen und Entwickler zum weiteren Einsatz gebracht wird. Der Projekt-Prototyp gilt inzwischen als vollständig und abgeschlossen. Nachwuchs-Entwicklerinnen und -Entwickler können das quell-offene Projekt aufgreifen und eigenständig weiterentwickeln oder mit einem Financier in Organisationen individuell angepasst einsetzen. Ein italienisches Entwicklungsteam hat bereits mit einer Swift-Portierung für das Apple-Betriebssystem begonnen.

In einer Forschungs-Perspektive sind Smoke und SmokeStack die Applikationen, an denen jede Schulklasse die Kompilierung einer Android-App mit Android Studio erlernen kann und auch die wissenschaftliche Forschung bei dieser angewandten Kryptographie die bisherigen Ergebnisse zu Algorithmen und Protokollen sicherlich noch weiter entwickelt und vertieft.

3 # SPOT-ON – BEKANNTE SUITE FÜR VERSCHLÜSSELUNG •

Während Schülerinnen und Schüler im Fach Informatik um das Kennenlernen und modellhafte Anwenden des Smoke Messengers aufgrund seiner Innovationen in einer Unterrichtseinheit zu McEliece oder Algorithmen allgemein quasi nicht herumkommen, gehört auch eine weitere Software - eher auf den Desktop-Bereich oder den Klein-Rechner Raspberry-Pi bezogen - zum Repertoire der lernenden Studierenden in technischen Fächern wie auch der Kryptographie: Es ist die Encryption Suite Spot-On (bei Github & Gitlab).

Spot-On gilt als ein derzeit äußerst modernes und elaboriertes Programm, um angewandte Verschlüsselung und ihre Methoden zu erlernen und stellt ein grundlegendes Projekt für angewandte Kryptographie dar. Die Software wird an vielen Hochschulen inzwischen in Grund- bzw. Vorbereitungs-Kursen, den sog. »Tutorials«, erlernt, einbezogen sowie auch wissenschaftlich analysiert, welche Fortschritte mit dieser Applikation im Bereich der angewandten Kryptographie verbunden waren und sind. Die Studierenden referieren zu Stichworten wie: Exponentielle Encryption, Cryptographisches Calling, SMP-Authentifizierung, Echo-Servern, Multi-Verschlüsselung oder auch den Secret-Stream-Schlüsseln (als Parallel-Entwicklung zu den vorgenannten Juggerknaut Schlüsseln) und weiteren kryptographischen Zusammenhängen.

Die Software deckt als »Suite«, d.h. ausgestattet mit mehreren Funktionsmodulen, die meistgenutzten Prozesse von Nutzerinnen und Nutzern im Internet ab: Kommunikation mit Freundinnen und Freunden über Chat und E-Mail, Suche von Webseiten, Ende-zu-Ende-sicherer Transfer von Dateien sowie schließlich die Wandlung von Dateien und Texten in verschlüsselten Cipher-Text. Alles in einer Suite mit entsprechenden Tabulatoren, wie es ähnlich vom früheren Netscape Communicator bzw. hinsichtlich der Tabulatoren von jedem heutigen Web-Browser bekannt ist. Spot-On ist bzw. die Funktionen von Spot-On sind als *Garnitur der Kryptographie* zu sehen: Die Ausarbeitungen von Spot-On decken zahlreiche kryptographische Funktionen und Innovationen ab, wie auch Nutzungsbedürfnisse im Internet.

Grundsätzlich wird alles verschlüsselt, was mit und in Spot-On versendet wird. Es gibt einen Gruppen-Chat im Stil des altbekannten *Internet-Relay-Chats* (IRC), der auf Basis einer symmetrischen Verschlüsselung allen

Teilnehmerinnen und Teilnehmern mit Kenntnis des Passwortes zur Verfügung steht: Nur wer das Passwort kennt, kann den Chat lesen.

Die Chat-Verschlüsselung direkter Freundinnen und Freunde nutzt zunächst eine asymmetrische Verschlüsselung - mit je einem öffentlichen und privaten, dauerhaften Schlüssel im Rahmen der PKI (*Publik Key Infrastructure*). Mit dem Cryptographischen Calling, das jederzeit neue temporäre Schlüssel für den Chat senden kann, kann die Verschlüsselung auch in eine symmetrische Verschlüsselung (mit einem auf beiden Seiten bekannten Passwort) erneuert werden.

Auch in diesem Programm: Der Chat mit einer Freundin bzw. einem Freund kann ergänzend über ein sog. »SMP« nach dem *Socialist Millionaire Protokoll* (SMP) abgesichert werden. Dabei geben beide auf jeder Seite das gleiche (und zuvor verabredete) Geheimwort manuell ein. Es kann z.B. der Ort sein, an dem beide, Alice und Bob, geheiratet haben: Honolulu. Über den mathematischen SMP-Beweis (wiederum ein kenntnisfreier Beweis, nach der Zero-Knowledge-Proof-Methode) wird nachgewiesen, dass beide dasselbe Passwort eingegeben haben, ohne dass das Passwort Honolulu über das Internet übertragen wird. Ist der mathematische Beweis wahr, kann auch angenommen werden, dass am anderen Ende der Leitung wirklich die Person sitzt, für die sie sich ausgibt. Alice bzw. Bob. Eine Authentifizierung erfolgte.

Und nun: Mit diesem Passwort können auch hier weitere Schlüssel für eine Ende-zu-Ende-Verschlüsselung abgeleitet werden, es sind die Schlüssel der vorne schon ausführlich genannten »Secret-Streams«, die sich hinsichtlich eines Transportes ebenso abstinent verhalten.

Im Bereich E-Mail stehen in der Applikation Spot-On ebenso weitere entsprechende Schlüssel zur Verfügung, die von den Schlüsseln für Chat oder denen für weitere Funktionen getrennt sind. Ein E-Mail in diesem Programm kann dabei ein reguläres E-Mail über IMAP/POP3-Postfächer sein, oder aber auch ein P2P-E-Mail, so dass kein zentraler bzw. externer Service außerhalb des Kreises der Freundinnen und Freunde erforderlich ist. Dazu stehen wiederum drei Methoden bereit, die weiter unten im Abschnitt zum P2P-E-Mail ausführlicher beschrieben werden.

Von Spot-On ist in diesem Zusammenhang eine weitere wesentliche Innovation eingeführt worden - der Chat über E-Mail-Server. Lange bevor andere Applikationen wie der Messenger Delta-Chat oder der GoldBug-Messenger bzw. auch der Spike-Messenger diese Funktion erläutert bzw. übernommen haben. Dieser Protokoll-Standard für Chat über E-Mail wird mit dem POPTASTIC-Protokoll beschrieben und lehnt sich an die klassische Postfachbezeichnung POP3 an, die neben IMAP besteht. E-Mail ist schnell genug, um über den E-Mail-Server in der Benutzeroberfläche einen Chat darzustellen.

Das Zentrale an dem Chat über das POPTASTIC-Protokoll ist, dass dieser immer verschlüsselt ist. Administratorinnen und Administratoren von Postfächern sehen beim POPTASTIC-Chat oder der Applikation Delta-Chat, die diese Methode in der quell-offenen Welt von dem Messengern Spot-On und GoldBug quasi als willkommenes Plagiat übernommen und (basierend auf GPG) dann auch im Bereich der mobilen Geräte populär gemacht hat, nur verschlüsselten Cipher-Text im Postfach.

Eine weitere wesentliche Funktion der Encryption Suite Spot-On ist die Funktion, eine URL-Datenbank für die Suche von Webseiten vorzuhalten, dazu weiter unten noch ausführlicher.

Natürlich kann Spot-On auch einzelne Dateien verschlüsseln (z.B. vor Upload in eine Cloud) bzw. diese Dateien verschlüsselt direkt von Alice zu Bob senden. Dazu wurden sog. »Magnet-URI«-Links mit kryptographischen Werten neu definiert. Wer den Link kennt, kann die Datei laden.

Mit dieser Software sind also zahlreiche kryptographische Innovationen und Prozesse verbunden, die an anderer Stelle weiter vertiefend zu erläutern sind, da es hier in der Übersicht einzelner Werkzeuge zur Verschlüsselung lediglich um die wesentlichen und ausgewählten Funktionen der Programme geht.

Wer die Kontexte zur Graphen-Theorie, dem Echo-Protokoll, Cryptographisches Calling oder dem POPTASTIC-Chat über E-Mail-Server und zahlreicher anderer Prozessinnovationen der Kryptographie nachlesen will, sei daher auf die technischen Dokumentationen[9] und ein Handbuch[10] zu Spot-On hingewiesen sowie auf die Erläuterungen zu den Routing-Information in verschlüsselten Netzwerken, die heute »Beyond Cryptographic Routing«[11] sind - also mit kryptographischen Token auch ohne vordefinierte Routen auskommen können.

4 # ROSETTA-CRYPTO-PAD
– MIT KONVERSIONEN ZUR KONVERSATION ●

Das *Rosetta-Crypto-Pad* (RCP) hat seinen Namen von dem Stein von Rosette, der sich seit 1802 im British Museum in London befindet und dort nach wie vor eine Hauptattraktion der Sammlungen aus dem gesamten britischen Empire ist. Er ist das Fragment einer steinernen Tafel mit einem Priesterdekret, das in drei untereinander stehenden Schriftblöcken (Hieroglyphen, Demotisch, Altgriechisch) sinngemäß gleichlautend eingemeißelt ist. Er hilft also, die einzelnen Sprachen in die jeweils lesbare Sprache zu übersetzten bzw. zu konvertieren.

Das Rosetta-Crypto-Pad vollzieht genau dieses: Es wandelt Klar-Text in Cipher-Text um. Es ist Teil der vorgenannten Encryption Suite und wird als eigene Fenster-Applikation genutzt[12].

Nutzerinnen und Nutzer können mittels der Copy/Paste-Funktion Klar-Text einfügen, in Cipher-Text wandeln und den Cipher-Text wieder auskopieren. So können andere Kanäle wie die von anderen Chat-Messengern ohne Verschlüsselung oder auch Foren im Internet mit Cipher-Text beliefert werden.

Das Rosetta-Crypto-Pad hat dabei keinen angebundenen Kanal, d.h. es sendet keinen Cipher-Text und auch keine Schlüssel automatisch, ist also nicht am Netzwerk angeschlossen. Nutzerinnen und Nutzer müssen den Text jeweils selbst einfügen bzw. auskopieren.

Das Besondere an dem Pad ist, dass es nicht mit einem Passwort für den Cipher-Text arbeitet, sondern eine asymmetrische Verschlüsselung nutzt. D.h. die Nutzerin bzw. der Nutzer muss einmal zuerst mit dem Gegenüber den öffentlichen Schlüssel tauschen. Schließlich kann alles Weitere ohne einen manuellen Austausch von Schlüsseln erfolgen.

Das Pad nutzt dabei zwei Verschlüsselungsstandards: zum einen GPG: sofern GPG auf der Maschine installiert ist (unter Windows ist es das Programm GPG4Win), fungiert Rosetta als Benutzeroberfläche und nutzt das bereits installierte Schlüsselmanagement für GPG.

Die weitere Methode ist die Nutzung des Pads mit den in Spot-On generierten Schlüsseln, hier dem Rosetta-Schlüssel (basierend auf der Bibliothek Libgcrypt oder dem Code für den McEliece-Algorithmus). Da nun wiederum die Wahl zwischen McEliece, NTRU und anderen Algorithmen besteht, kann also auch hier über Rosetta der Cipher-Text besonders sicher gegenüber einer RSA- oder Elgamal-Verschlüsselung gestaltet werden. Oder so andere, schwächere Kanäle damit veredelt werden.

Wer seine Maschine also zeitweise nicht mit einem Server verbinden kann oder will, kann somit jederzeit mit dem Rosetta-Crypto-Pad eine Konversion von Texten vornehmen. Es eignet sich daher auch als vertraute Ausführungsumgebung, englisch: »Trusted Execution Environment« (TEE), ggf. auf einem weiteren, nicht am Internet befindlichen Rechner wie beschrieben. Sollte das Pad doch an einer Maschine mit Internet sein, ist der private Schlüssel vor einem Upload geschützt, indem es mehrere private Schlüssel zur Komplexitätserhöhung gibt.

Das Rosetta-Crypto-Pad ist somit eine Art Zwischenablage für Text: Bevor die Nachricht in einer anderen Applikation versendet wird, wird der Klar-Text in Rosetta zu Cipher-Text gewandelt. Dank McEliece und der Quell-Offenheit, erzielen damit nicht nur Privatanwenderinnen und -anwender eine professionelle Verschlüsselung ihrer Kommunikation, sondern auch für professionelle Nutzerinnen und Nutzer von Verschlüsselung, gleich in welchem Beruf, kann der zu sendende Text nunmehr jederzeit qualifiziert auch gegen Angriffe von Super-Computern verschlüsselt sein.

Cryptomator ist ein weiteres Werkzeug mit ähnlichen Funktionen wie das Rosetta-Crypto-Pad, jedoch mit symmetrischer (AES-256) statt (einer Auswahl von) asymmetrischer Verschlüsselung. Es entstand als quelloffene und damit willkommene Parallel- bzw. Derivat-Entwicklung (ab 2014) zeitlich nach dem Rosetta-Crypto-Pad (2013). Beide genutzte Algorithmen, AES-256 wie auch McEliece, gelten heute als sicher.

5 # GOLDBUG MESSENGER – ZEIG' MIR DEINE GUI •

Der GoldBug Messenger ist als quell-offene Software in zahlreichen Down-load-Portalen zu finden. Sein Name ist eine Reminiszenz an die gleichna-mige Kurzgeschichte »The Goldbug« von *Edgar Alan Poe* um ein sog. »Kryptogramm«, einem goldenen Kleintier-Käfer und die Abenteuer von drei Freunden.

Das Icon-Bild von GoldBug ist eine gold-gelb-schwarz-geringelte Biene Maja mit dem Slogan – »Diligent Bee 4 Crypto« – zu Deutsch: Eine fleißige Biene im Bereich der Kryptographie.

Auch diese Applikation nutzt das Protokoll über HTTPS und kann sich an jeden Echo-Server bzw. -Kernel anbinden. Damit wird deutlich, dass dieses Programm lediglich eine andere, schlankere Benutzeroberfläche zu der Verschlüsselungs-Software Spot-On darstellt (in Englisch: Graphical User Interface (GUI)). Sämtliche vorgenannte Funktionen wie Chat, E-Mail, Filetransfer oder Websuche sind daher auch im GoldBug Messenger ver-fügbar.

Auf diesen Messenger geht der sog., in den ersten Versionen imple-mentiere »MELODICA«-Knopf zurück, der die Anfänge des Cryptographi-schen Callings im Jahre 2012/2013 begleitete, bis dieser Knopf zur Erneue-rung von sicherer Ende-zu-Ende-Verschlüsselung im Zuge des Ausbaus der Methoden zum Cryptographischen Calling in der Software nicht mehr er-forderlich war.

MELODICA ist das Acronym für MULTI ENCRYPRTED LONG DISTANCE CALLING. Damit ist gemeint, dass die Ende-zu-Ende-Verschlüsselung auch über verschiedene Stationen im laufenden Betrieb einer Netzwerkverbin-dung aktualisiert werden kann, und die Verschlüsselung die über HTTPS gesandten Pakete zuvor multiple ergänzt, also mehrfach absichert. Wie gesehen wird bei der verschlüsselten Echo-Kapsel verschlüsselter Cipher-Text erstellt und dieser als verschlüsselte Kapsel nochmals durch einen verschlüsselnden TLS- bzw. HTTPS-Kanal versandt.

Ein Cryptographischer Call kann mit dieser Design-Gestaltung zur asymmetrischen Verschlüsselung noch eine weitere Ebene der symmetri-schen Verschlüsselung mit einem Passwort hinzufügen, oder aber die asymmetrische Verschlüsselung durch die symmetrische Verschlüsselung ersetzen (weiterhin innerhalb des TLS- bzw. HTTPS-Kanals). Mit Ende-zu-Ende-Verschlüsselung soll also so einfach wie möglich gespielt werden können, wie auf einer Klaviatur eines Klaviers: Das Symbol des MELODICA-Knopfes bestand dementsprechend aus den schwarzen und weißen Tasten eines Klaviers. Die Einführung des Cryptographischen Callings wurde also in diesem Messenger mit dem Symbol von Klaviertasten begleitet.

Neben den Optionen dieser Klaviatur bietet GoldBug seinen Nutzerinnen und Nutzer auch eine eingebaute Tastatur, falls eine (z.B. infiltrierte) Hardware-Tastatur nicht den gewünschten Sicherheitsstandards entsprechen könnte.

Abbildung 2: GoldBug Messenger mit virtueller Tastatur

Quelle: Screenshot der Login-Seite des GoldBug Messengers.

Die Abbildung zeigt die Login-Seite des GoldBug Messengers, die ein Login-Passwort zum Starten der Applikation und zur Entschlüsselung der Festplattendaten für diese Applikation benötigt. Da Passwörter über physische Tastaturen abgegriffen werden können, ermöglicht ein Doppelklick in das Passwortfeld die Einblendung einer applikationsseitig vorgegebenen virtuellen Tastatur. Damit kann das Passwort über Maus-Klicks auf der virtuellen Tastatur eingegeben werden. Eine potenzielle Lauscherin oder ein Lauscher würde also nicht die Buchstaben, sondern nur einzelne Klicks der Maus erkennen können.

Die Bedienelemente dieses Messengers sind vielfach zur Vereinfachung reduziert bzw. können in einer Minimalansicht noch weiter ausgeblendet werden, die Programmfunktionen orientieren sich aber an der vollumfänglichen vorgenannten Software.

2015/2016 wurde dieser Messenger in der Studie »Big Seven« einem Audit[13] unterzogen und verglichen auch mit sechs weiteren quell-offenen und verschlüsselnden Messengern. GoldBug wurde in diesem Audit als sicher, zuverlässig, innovativ und vielversprechend beurteilt. Unter anderem stellte diese Studie auch den POPTASTIC-Chat über E-Mail-Server als vorliegendes Praxismodell vertiefend und ergänzend zu den technischen Dokumentationen vor, aus dem und dessen Gedankengut ein Jahr später der Delta-Chat-Klient hervorgegangen ist und heute bestens performt mit leicht zu bedienendem GPG-Chat über E-Mail-Server.

Das Portal Datamation setzte GoldBug im Bereich der sicheren Kommunikation auf Platz #1, unter 50 auszeichnungswürdigen Open-Source Projekten insgesamt in allen Kategorien. Allein beim Download-Portal Majorgeeks verzeichnet der Messenger mehr als 31.000 Downloads, etwa halb so viel wie Telegram oder Teamspeak für den Desktop dort. Digia, der Hersteller der Programmier-Umgebung Qt, mit der die Benutzeroberfläche erstellt wurde, hat GoldBug in seine Show-Case Gallery als Qt-Modellprojekt übernommen.

Gleichwohl heißt das nicht, dass die kryptographischen Prozesse darin ohne Lernen intuitiv in den Schoß einer Nutzerin oder eines Nutzers fallen. Es ist vergleichbar mit den zahlreichen Knöpfen im Cockpit eines Flugzeugs. Auch Pilotinnen und Piloten müssen erlernen, was damit für einen Flug einzurichten ist. Ohne eine schulische Arbeitsgemeinschaft, ein studentisches Tutorial oder praktische Hinweise auf einer Crypto-Party wird die Qt-Software GoldBug trotz minimierter Schaltflächen in der graphischen Oberfläche sich ggf. insbesondere den Findigen erschließen. Denn das war ja auch die Quint-Essenz in der GoldBug-Kurzgeschichte von *Edgar Alan Poe*: Schatz-Suche ist kniffelig und bedarf einiger Freundinnen und Freunde als Team. Wer jedoch eine Idee und Interesse an der Entwicklungsumgebung Qt bzw. der hinter dieser Benutzeroberfläche stehenden Kryptographie findet, wird auch an einer Lernmethode durch Versuch und Irrtum im Selbststudium ggf. nicht scheitern und seine eigenständigen Erfahrungen anderen vermitteln können. Durch die Quell-Offenheit von GoldBug können Lehrende wie Lernende im Bereich der Qt-

Anwendungsentwicklung mit relativ wenig Aufwand eine eigene Benutzeroberfläche erstellen, die ihren Chat an einen selbstaufzusetzenden HTTPS-Server bzw. an einen Echo-Kernel im Port von Freundinnen oder Freunden sendet. Kryptographie ist heute auch angewandte Programmierung im Team von mindestens Drei.

6 # DELTA-CHAT: POPTASTIC POPULÄR •

Der Nachrichten-Austausch über Chat bzw. E-Mail wächst zunehmend unter dem Begriff des »Messaging« zusammen. Einige Programme wandeln heute auch E-Mail-Nachrichten zu Chat-Nachrichten, d.h. sie bieten komfortablen Chat mittels des POPTASTIC-Protokolls über die dezentralen E-Mail-Server auf Basis von IMAP oder POP3 an. Zudem kann der Chat verschlüsselt sein.

Delta-Chat ist ein solcher Messenger, der Chat über E-Mail-Server realisiert, und an die gute Praxis des POPTASTIC-Protokolls beim Spot-On und GoldBug Messenger anknüpft.

Der Delta-Messenger steht auch für weitere übliche Plattformen zur Verfügung. Da er auf Basis von E-Mail operiert, kann er sowohl als E-Mail-Programm für unverschlüsselte Nachrichten eingesetzt werden, als auch für verschlüsselten Chat, wenn das Gegenüber ebenso den Delta-Chat-Klienten benutzt.

POPTASTIC im Bereich des Klienten Delta-Chat hat damit große Potenziale, eine Alternative für populäre Messenger und Monopolisten wie WhatsApp zu bieten: Mit jeder Nutzerin und jedem Nutzer von Delta-Chat wird Cipher-Text in E-Mail-Postfächern gefördert und ein Text-Austausch sicherer gemacht.

Die Verschlüsselung tauscht über E-Mail mit der AutoCrypt genannten Funktion automatisch die öffentlichen Schlüssel zwischen zwei Nutzerinnen bzw. Nutzern. Leider hat Delta Chat nicht den vollen GPG-Standard angewandt, so dass bereits extern erzeugte GPG-Schlüssel (noch) nicht importiert werden können.

Die MOMEDO-Studie[14] hat den Smoke-Chat-Messenger mit dem Delta-Chat-Messenger verglichen, im Wesentlichen auch hinsichtlich der Einbindung von eigenen und öffentlichen Servern. Smoke erfordert einen eigenen Chat-Server (SmokeStack) und bei Delta-Chat werden meistens öffentliche und kostenlose E-Mail-Anbieter wie Gmail, Outlook, Yahoo oder GMX und Web genutzt.

Da diese den Service oft kostenfrei anbieten, werden sie dieses sicherlich nicht mehr tun, wenn darüber Cipher-Text gesandt wird. Dann können die Nachrichten nicht mehr nach Stichworten für die Werbebranche durchsucht werden. Natürlich kann man auch auf einer eigenen Linux-Maschine oder sogar einem Raspberry-Pi-Computer einen E-Mail-Server für die eigene Gruppe, Klasse oder Familie einrichten und Delta-Chat mit diesem Server betreiben. Ein eigener Server wird in jedem Fall aber dann notwendig, wenn die kostenfreien Anbieter keinen Cipher-Text im Postfach mehr dulden wollen oder dürfen.

Die MOMEDO-Studie kommt zu dem Ergebnis, dass ein eigener Chat-Server mittels SmokeStack (inklusive Schlüsselmanagement) für Smoke ggf. einfacher zu installieren sei, als ein IMAP/SMTP-Server. Auch könne es eine Empfehlung für Delta-Chat sein, E-Mail-Postfächer hybride zu adressieren, z.B. ein Ozone-Postfach wie im SmokeStack zu IMAP zu ergänzen.

Eine weitere interessante Zukunftsperspektive stellt sich für Delta-Chat im Bereich des File-Sharings[15] dar. Delta baut ja quasi ein Vertrauensnetzwerk (Web-of-Trust) zu befreundeten Nutzerinnen und Nutzern über E-Mail auf, sodass hier auch eine Suche nach bzw. ein Transfer von Dateien stattfinden kann.

Die weiter unten beschriebene Software RetroShare kann hier ein Beispiel geben: Damit kann auch das Laden einer Datei von Freundinnen und Freunden und deren Freundinnen und Freunden über mehrere Hops möglich sein (sog. Turtle-Hopping-Protokoll[16]). So könnte beispielsweise eine MP3-Musik-Datei über mehrere E-Mail-Postfächer weitergemailt werden. Die Implementierung im RetroShare-Klienten über die verschiedenen Hops der Einzelinstanzen ist jedoch ohne durchgängige Ende-zu-Ende-Verschlüsselung.

Beim Datei-Transfer im Smoke Messenger – über das dortige Steam-Protokoll[17] – ist der Dateitransfer heutigem Standard entsprechend durchgängig verschlüsselt und das auch über mehrere Hops. Steam ist dabei ein universales Protokoll, das nicht an bestimmte Klienten gebunden ist, es ist auch möglich, mit Steam an einen SHH-Klienten Cipher-Text bzw. den Cipher-Text einer verschlüsselten Datei zu senden, der dort am Port gesammelt und entschlüsselt wird.

File-Sharing (und damit auch Web-Browsing à la Tor) in Delta-Chat könnte sicherlich diesen Messenger recht populär machen. Auch damals bei den ersten Android-Smartphones von Samsung gab es eine App für den Download von Musik-MP3-Dateien. Diese wurden aus dem Sozialen Netzwerk V-Kontakte geladen. Es ist zu vermuten, dass seinerzeit Samsung und Android von Google den Markt mit dieser Methode mit einer Auftragsprogrammierung massiv beeinflusst haben und so groß geworden sind. Die Geräte mit dem kostenlosen Musik-Datei-Download verkauften sich wie geschnitten Brot.

Auch wäre Delta-Chat eine gute Ausgangsbasis für eine Applikation, die den Cipher-Text in steganographierten Bildern über E-Mail-Server sendet - statt Textnachrichten.

Aber auch ohne diese drei vorstellbaren Entwicklungsziele von Delta-Chat, der Implementierung von Ozone-Postfächern, von File-Sharing und Web-Browsing mittels der Protokolle Steam bzw. Turtle Hopping, oder des Versandes von steganographierten Bildern, sind Delta-Chat bzw. auch sein Derivat Spike-Chat bereits heute Messenger, die mit sechsstelligen Download-Zahlen an den üblichen Download-Stellen schon gut im Geschäft sind. Populäres POPTASTIC mit Potenzial also.

7 # SILENCE - EINE SMS-APP MIT ENDE-ZU-ENDE-VERSCHLÜSSELUNG •

SMS wird noch des Öfteren für Messaging benutzt. Wie bei E-Mail sind die Server jederzeit gegeben. Der SMS-Klient Silence löst das Problem, dass SMS standardmässig über keinerlei Verschlüsselung verfügt: Mit Silence wurde die SMS verschlüsselt. Wenn die Chat-Partnerin bzw. der Chatpartner ebenfalls die Silence-App nutzt und ein Schlüsselaustausch erfolgt ist, wird der Chat Ende-zu-Ende verschlüsselt mittels Double-Ratchet-Verfahren, das von Signal oder WhatsApp bekannt ist.

Grundsätzlich kann man natürlich auch Cipher-Text mittels Copy-Paste aus einem anderen Konversions-Werkzeug wie Rosetta einfügen. Silence ist quell-offen und gibt es sowohl im F-Droid-Store als auch im (ggf. nicht empfehlenswerten) Play Store von Google.

8 # CONVERSATIONS: DER ALTE DINO IN DER MAUSER? •

Der Vollständigkeit halber soll die Tradition, die sich mit Innovation verbindet, nicht außen vorbleiben und unerwähnt bleiben.

Viele sind mit Jabber bzw. heute dem XMPP-Chat-Protokoll mit seinen dezentralen und ebenso zusammenschaltbaren (federierbaren) Servern als etabliertem Standard in zahlreichen Klienten groß geworden.

Diese Chat-Technologie muss heute jedoch als etablierter Dinosaurier angesehen werden. XMPP war in einer unverschlüsselten Umgebung entwickelt worden, die heutigen Ansprüchen kaum gerecht wird. Es bedurfte eines Manifests[18], einer schriftlichen Visionserklärung, um alle Server und Klienten auf Verschlüsselung einzuschwören. Nur wenige Klienten und Server sind diesem bis heute nachgekommen. Und es wird über diese Infrastruktur weiterhin noch viel Klar-Text gesandt.

Die ersten Ansätze von Verschlüsselung für XMPP waren im Off-the-Record-(OTR)-Protokoll nur mit einem Schlüssel pro Sitzung vorgesehen. Die heutige Aktualisierung im Omemo-Protokoll ist da angepasster und hat den Stand gemäß der Double-Ratchet-Methode mit einem statisch abgeleiteten Schlüssel pro Nachricht (wie es auch im Signal-Protokoll umgesetzt wird). Beide Verfahren kommen jedoch allein rein quantitativ nicht an den Stand der *Volatilen Encryption* im Fiasco Forwarding (zahlreiche Schlüssel für jede einzelne Nachricht) heran. Und sie erreichen auch nicht den Status der Secret-Streams-Schlüssel (im Spot-On-Messenger) bzw. Juggerknaut Schlüssel (im Smoke Messenger), bei denen gar kein Schlüssel mehr übertragen wird (durch den SMP-Prozess bzw. J-PAKE-Juggling im Zero-Knowledge Beweis).

XMPP-Messenger sind also weder auf der technischen Höhe der Zeit, noch befinden sie sich in einer Architektur, die insgesamt verschlüsselt ist oder moderne Methoden des Cryptographischen Callings einfach implementieren könnte. Schließlich sind bei diesem Dinosaurier derzeit auch keine Messenger präsent, die den McEliece-Algorithmus implementierten.

Die App Conversations ist dennoch ein bekannter und relativ schöner Messenger für Android, der quell-offen ist, aber sowohl für die Installation wie auch die Nutzung des Chat-Servers nach einiger Zeit einen legitimen Obulus verlangt.

Die benutzte Omemo-Verschlüsselung hat sich aus der alten OTR-Verschlüsselung entwickelt und basiert wie beschrieben noch auf dem Double-Ratchet-Algorithmus und dem Personal-Eventing-Protokoll (POP, XEP-0136). Hier wird der nicht Quantum-Computing sichere Algorithmus Curve25519/Ed25519 eingesetzt. Dieser ist nach den Spezifikationen der NIST für elliptische Kurven ebenso unter diesen genannten Bedingungen als kritisch einzustufen[19].

XMPP-Chatserver, die eine Administratorin oder ein Administrator selbst installieren kann und die Verschlüsselung unterstützen, sind Prosody und Ejabberd. Sie sind für technisch Unerfahrene ggf. nur mit entsprechenden Fach-Kenntnissen installierbar. Weiterhin inkludieren diese Server kein Schlüsselmanagement.

Der XMPP-Entwickler *Daniel Gultsch* listete in seiner FOSS-ASIA-Präsentation acht von dreißig gängigen XMPP-Servern ohne Omemo-Verschlüsselung gemäß XEP-0384-mit dem folgenden Kommentar auf: »Das Problem des fragmentierten Eco-Systems XMPP ist, dass es veraltete Server gibt, die diese neuesten Verschlüsselungserweiterungen nicht unterstützen. Ein Teil der Lösung besteht darin, das Problem sichtbar zu machen.«[20] - Ist es also hoffnungslos, den Dinosauriern das Tanzen beizubringen?

XMPP kommt aus einer inzwischen nicht mehr modernen Zeit und ist für Verschlüsselung ein hoffnungsloser Fall, wenn nicht statt Klar-Text Cipher-Text aus einer Konversion andernorts in den XMPP-Klienten einkopiert wird. Hier ist für den Laien in jedem Fall Delta-Chat der bessere Klient und für Interessierte, die neugierig auf aktuellere Prozeduren sind und Verschlüsselung lernen wollen, der Smoke Messenger der gehaltvollere, wenn auch in der Benutzeroberfläche ggf. nicht schönere Klient.

Aber wie zu Beginn gesagt: in der Ausbildung werden wir noch über Jahre hinweg weiterhin viele Personen hören, die »auf XMPP« gelernt haben. Das klingt wie früher »auf Zeche« im Bergbau gearbeitet zu haben. Doch diese Zeiten sind vorbei. Und wir werden auf viel zu wenige Lehrerinnen und Lehrer treffen, die den Status Quo innovativer Klienten deklinieren, geschweige denn vergleichen. Überlassen wir XMPP also den Archäologinnen und Archäologen, denn wie geben manche Rat: Die bibliothekarische Fernleihe (eines Buches) ist der Sinn des Lebens: Immer mal wieder etwas Neues und Unbekanntes lesen oder mit DHL einfliegen lassen, bis ins hohe Alter up-to-date bleiben. Es gibt bestimmt bald wieder etwas Neueres als XMPP oder seine Alternativen.

Schon 2016 schrieb Twitter-Nutzer ›Moxie Marlinspike‹, dass das Eco-System sich bewegt und umzieht[21] und drei Jahre später forderte gar der Nutzer ›Cane‹: »Lasst Jabber/XMPP endlich sterben!« - XMPP sei nicht auf der Höhe der Verschlüsselungstechnik, es sei eine Metadaten-Schleuder, ein Flickenteppich in der Softwareintegration sowie ein innovationsfeindlicher Dino[22]. Auch die Server ließen zu viel Klar-Text durch - etwas, warum die Strategie mancher Computer-Clubs diese Server ablehnt. Und das Eco-System sei nicht auf der Höhe der Zeit. Recht mag er haben, Ingenieurinnen und Ingenieure sollten immer das Neueste an Technologie nehmen.

So gibt es bei XMPP viele oben genannte und strukturelle Gründe, warum diese Architektur hinsichtlich Verschlüsselung nicht mehr modern werden kann! Renaissance des Dinos ausgeschlossen?! Jetzt wissen wir, was das griechische *deinós* zu Deutsch heißt: gewaltig schrecklich.

9 # HACKER'S KEYBOARD: ABGRIFFE IM KLAR-TEXT VERHINDERN •

Hacker's Keyboard ist eine App für eine Android Tastatur. Da über die Betriebssystem-eigene bzw. vorinstallierte Tastatur des Smartphones die Klar-Text-Eingaben überwacht werden können, sollte in jedem Fall immer eine quell-offene Tastatur-App verwendet werden. Allein schon für die Vorschläge zur Vervollständigung von eingegebenen Worten können zentrale Server kontaktiert werden, die alles mitschneiden. Ein Überwachungs-Trojaner muss daher auch nicht als Hintergrundprogramm, also als sog. »Daemon« installiert werden, sondern es reicht aus, alleine die Tastatur-Applikation über den Hersteller unbemerkt zu modifizieren. Weitere quell-offene Tastatur Applikationen lassen sich im quell-offenen Store FDroid finden, wie das BeHe-Keyboard oder die AnySoft-Tastatur, die jedoch nach einer Berechtigung zur Vervollständigung von Kontakten anfragt und die Freundesliste im privaten Telefonbuch kennlernen möchte. Das Hacker's Keyboard hingegen ist gemeinnützig von mehreren Entwicklerinnen und Entwicklern erstellt und damit auch im Quellcode geprüft worden. Die App schützt also vor einer zentralen Betriebssystem-Hintertür: den Abgriffen der geschriebenen Texte direkt über die Tastatur. Wer sich keine zweite, vom Internet losgelöste Maschine für die Eingabe und Konversion von Klar-Text zu Cipher-Text leisten will, kann sich zumindest über eine quell-offene Tastatur vor dem potenziellen Mitlesen seiner Texte schützen. Da Apple im Gegensatz zu Android keine Installation aus dritten Quellen ermöglicht, bleibt diesen Nutzerinnen und Nutzern nur ein Umstieg auf quell-offene Smartphone-Betriebssysteme wie UB-Ports von Ubuntu Touch oder Sailfish OS oder eben Android-Linux ohne Anbindung der Google-Dienste.

10 # FEDERATION OHNE ACCOUNTS: ECHO CHAT SERVER & XMPP SERVER & MATRIX SERVER & CO●

Server-Software spielt zumindest aus technischem Blickwinkel eine wesentlich größere Rolle als die Schönheit einer Chat-App. Auch, wenn für Nutzerinnen und Nutzer eine intuitive Erfahrung und das Design der Bedienoberfläche frühzeitig ausschlaggebend für die Popularität eines Messengers sind. Es ist vergleichbar wie beim Auto-Kauf: Farbe und Form des Autos gehören in eine vernünftige Balance zu den PS und technologischen Innovationen unter der Motorhaube. Aber, ohne Flux-Kompensator läuft der DeLorean nun mal nicht. Schauen wir uns daher einige ausgewählte und quell-offene Server mit kurzen Hinweisen für verschlüsselten Chat an.

Signal-Server: Während der Signal-Messenger durchaus bekannt und populär ist, ist der zugehörige Signal-Server nicht wirklich quell-offen und bislang noch nicht durch irgendjemanden an einer alternativen IP gespiegelt worden. Alternative Signal-Server existieren daher kaum bzw. nicht und müssen auch in der Synchronisation zum Klienten zu einer Neu-Programmierung auf beiden Seiten führen (z.B. hinsichtlich der SMS-Registrierung). Zudem verlangt auch dieser Messenger den Upload der Telefonnummer, auch wenn diese in gehashter Form erfolgt: Wer alle Telefonnummern kennt, kann diese auch in encodierter Form zuordnen.

Es kann auch, wie zu Beginn schon angedeutet, vermutet werden, dass der Signal-Messenger als Sammelbecken für all derjenigen fungieren soll, die mit Facebook und WhatsApp unzufrieden sind. Dann wäre Signal ein trojanisches Pferd. Belegen kann man es gleichwohl nicht. Doch: All diese Firmen haben Interesse, einen SMS-Server zu betreiben, der die Authentifizierung über das Telefon der Nutzerinnen und Nutzer garantiert. Und: Welches Interesse haben die Geldgeber von Signal, dieselbe Verschlüsselungs- und Authentifizierungsmethode anzubieten, wie die Messenger im Facebook-Konzern? Ein Seitenkanal zum Upload der privaten Schlüssel könnte zumindest im quell-offenen Signal besser eingeschätzt werden, wenn dessen private Schlüssel nicht selbst durch andere Apps hochgeladen werden.

Doch wie kann es sein, dass Signal für seine Server-Infrastruktur ausgerechnet auf Firmen mit zweifelhaftem Datenschutzniveau - Google, Amazon und Microsoft - und zudem in den USA zurückgreift und als sicher gilt? *Moritz Tremmel* und *Sebastian Grüner* nehmen in einer Analyse an: »Beim Signal-Server wäre es schwierig, eine serverseitige Überwachungsschnittstelle einzubauen, wenn der Server von der App ohnehin nur verschlüsselte und metadatenreduzierte Daten erhält. Veränderungen an App und Server sind zudem öffentlich einsehbar. Im Falle der App lässt sich über sog. »Reproducible Builds« (zu Deutsch etwa: nachproduzierte Kompilierungen) zudem feststellen, dass auch nur der veröffentlichte Code in der App steckt.«[23]

Dass der Server eine andere Kompilierung z.B. mit Plugins oder ergänzendem Code als im öffentlichen Repositorium vorhalten kann und dass andere Kanäle und Apps die Daten von Signal hochladen als die Signal App selbst, ziehen sie nicht in Betracht. Und damit bleibt der real laufende Signal-Server weiterhin ein »Non-Reproduced-Build« auf einem Computer der Analysten zuhause. Zumal der Server Code des Signal Servers seit längerer Zeit nicht mehr aktualisiert wurde, muss auf den Servern ein anderer Code laufen. Das Signal Eco-System konnte daher lange Zeit nicht mehr genommen und selbst weiterentwickelt werden – erst öffentliche Nachfragen[24] induzierten ein Update des öffentlichen Server-Codes.

XMPP-Server: Die Klar-Text-verarbeitenden XMPP-Server mit Ausnahme derzeit von Prosody oder Ejabbered gehören dem Dino-Zeitalter an, wie es beim Conversations-Klienten beschrieben wurde. Für einen technisch ausgebildeten Menschen können die Installationsprozesse sicherlich nachvollzogen werden, für Lernende und Verbraucherinnen und Verbraucher Otto Normal erschließen sich die Installationen jedoch nicht von allein. Vom serverseitigen kryptographischen Management auch hier kaum eine Spur.

Matrix-Server: Matrix-Server benötigen ebenso Fachleute, die von Institutionen bezahlt werden. Das können sich größere Organisationen leisten, jedoch weder Schulen oder Klassen, noch Familien, Verbände oder Vereine. Die Architektur von Server und Klient ist zudem sehr aufeinander zugeschnitten, es benötigt Accounts und auch in der Kompilierung ist eine große Abhängigkeit von spezifisch einzubindenden Software-Bibliotheken gegeben. Der Matrix-Klient namens Element ist zwar graphisch ansprechend, jedoch hat auch hier bislang kaum jemand einen Server bei sich zuhause für die Familie im Handumdrehen aufgebaut. Der Hersteller bietet die Server-Unterstützung als entgeltpflichtigen Service für Organisationen an. Das bedeutet auch: Es muss kompliziert und von Prozeduren und Bibliotheken und hinsichtlich Kompilierungsspezifika abhängig gemacht werden, damit die Kundin und der Kunde es auch selbst nicht hinbekommt und gerne dafür bezahlt. Eine sog. »accountlose Federation«, also eine Zusammenschaltung und Vernetzung von mehreren Servern und deren Klienten, ohne eine Notwendigkeit von spezifischen Registrierungspflichten für Anwenderinnen und Anwender, erleichtert den Betrieb einer souveränen Chat-Infrastruktur, ist aber auch nicht bei Matrix-Servern gegeben.

Joachim Selzer, der schon mehrere Dutzende an Krypto-Workshops zur Digitalen Souveränität und kryptographischen Grundlagen federführend mitorganisiert hat, referiert zu diesem Thema schon seit vielen Jahren: wie zuletzt auf dem Global Media Forum oder dem Jahrestreffen des Netzwerks Recherche, hier insbesondere, um Journalistinnen und Journalisten im Informantenschutz durch Verschlüsselung auszubilden.

Dort vermittelt er den Teilnehmerinnen und Teilnehmern u.a. nicht nur augenzwinkernd gemäß seinem Credo in seinem Twitter-Profil, dass es nicht immer eine gute Idee sei, gleich das ganze Internet auszudrucken, sondern in den Workshops wird auch der philosophisch-religiösen Frage: »Sein oder Offline« nachgegangen - denn schließlich fungiert er auch als ehrenamtlicher Datenschutzbeauftragter der evangelischen Kirche in seinem örtlichen Kirchenkreis.

Aktuell erklärte er in einem RBB-Radio-Interview[25], dass viele ihn zum Betrieb eines eigenen Chat-Server anfragen, jedoch selbst für Technikerinnen und Techniker müsse erkannt werden: »Die Installation und der Betrieb eines eigenen Matrix-Servers erfordert Liebhaberinnen- und Liebhaber-Qualitäten, da diese Server in der Handhabung ist nicht so ganz - sagen wir - Laienkompatibel sind«, - da sei die Idee schon einfacher in die Tat umzusetzen, sich in die Zucht von Brieftauben einzuarbeiten!

Da selbst in Organisationen IT-Abteilungen heute keine Technikerinnen und Techniker mehr beschäftigen, sondern zu Einkaufsabteilungen mutieren müssen, die sich nicht mehr der Verantwortung stellen dürfen, selbst noch Server zu betreiben (selbst wenn diese einfach zu installieren wären), schließen diese Einkäuferinnen und Einkäufer lieber Verträge mit externen Dritten als zukünftige Sündenböcke ab, für den Fall, dass ein Server mal nicht funktionieren sollte. Outsourcing in die Cloud und an externe IT-Dienstleister statt einer sog. »On-Premise«-Gestaltung der Server »auf eigenem Blech« ist das bildungspolitische Perspektiven-Zeugnis, im Server-Raum selbst nicht mehr kochen zu dürfen und zu können? Doch so gerne Technikerinnen und Techniker eigene Server aufsetzen wollten, sie dürfen es oftmals nicht aufgrund der Entscheidungen in kaufmännischen Managementstrukturen. Die Frage zur IT-Sicherheit und -Freiheit in Unternehmen, kaufen, mieten, oder selber machen, ist längst entschieden. Und das fängt bei den externen Kommunikationsservern an, die die Bildung interner »Teams« versprechen.

Element, die quell-offene Applikation für die Matrix-Server wurde von Google zeitweilig aus dem Playstore entfernt. Ist es der Start einer Säuberungswelle von dezentralen, souveränen Servern und ihren Applikationen? Nicht viele Server für Chat-Applikationen können durch die Nutzerinnen und Nutzer zuhause selbst installiert werden. Matrix-Server gehören weiterhin dazu, auch wenn es schwieriger ist als bei anderen Servern, diese zum Laufen zu bekommen. Da Element als Messenger populärer wurde, aber aufgrund dezentraler Server nicht der zentralen Kontrolle unterliegt, wurde dieser aus den Playstores ausgeschlossen. Dieses zeigt zugleich auch die Abhängigkeit der Nutzerinnen und Nutzer von der Marktmacht der Smartphone-Hersteller bzw. der Hersteller der Betriebssysteme und damit auch der Anbieter der App-Stores. Und es ist eine hybride Macht: Monopolmacht trifft Staatsmacht. Keiner der beiden hat Interesse an dezentralen Servern. Die Staatsmacht gewährt stillschweigend der Monopolmacht die Säuberung bei dezentralen Servern, weil es im Interesse beider ist, dass Bürgerinnen und Bürger keine souveränen Telekommunikationsanlagen, also Chat-Server, mit den Applikationen ihrer Telefone betreiben. Dahinter steht das Interesse, die Kommunikation komplett zu überwachen und den Wildwuchs an Servern zu begrenzen. Nach wenigen

Tagen wurden die Matrix-Apps wieder im App-Store zugelassen, da auf deren Standard-Server »extrem beleidigende Inhalte«[26] seitens Google gefunden und nun beseitigt werden konnten. Dezentrale Potenz habe also keine Rolle gespielt. Really? Wirklich?

Zumindest wird die Macht der Monopolinhaber deutlich, die hier an diesem Beispiel zeigten, dass sie nicht nur Inhalte bewerten, sondern auch Kanäle. Agentur-Journalist und Fachjurist für Digitalisierung und Sicherheit *Hendrik Wieduwilt* sieht daher mit den App-Löschungen und App-Zensuren sowie Trump-Account-Sperren den Beginn eines postmodernen Internets[27], denn nicht nur der Staat fordert Strukturen, Transparenz und Personal für das Meinungsmanagement von den Internet-Konzernen. Damit zeigen die Internet-Konzerne und Öffentlichkeits-Plattformen so deutlich wie nie zuvor, wer in der digitalen Öffentlichkeit das Sagen hat, wenn es hart auf hart kommt: nicht eine soziale Bewegung, auch nicht der Staat, und auch nicht ein immunes Staatsoberhaupt, nicht der Mensch mit den Nuklearcodes, sondern sie, die Konzerne. Sind sie nun eine Art fünfte Gewalt geworden? - steht nach dieser Aussage als Frage im Raum des postmodernen Internets.

Echo-Server: Echo-Server sind bereits als einfacher HTTP- oder HTTPS-Server beschrieben worden, die in der Programmierung mit Java oder auch C++ für zahlreiche Betriebssysteme zur Verfügung stehen, ebenso für einen kleinen Raspberry-Pi-Computer oder ein mobiles Android-Gerät.

Ein technisch orientierter Lackmus-Indikator kann also darin bestehen, einen Chat-Server nicht nur dann vorzuziehen, wenn er einfach zu installieren und zu bedienen ist, sondern auch, wenn er Cipher-Text auf einem Raspberry-Pi-Computer verarbeiten kann – also geringe Maschinen-Kapazität benötigt.

Während Nutzerinnen und Nutzer oftmals lediglich auf eine einfache, intuitive Bedienbarkeit des Chat-Programms schauen, und technisch Interessierte noch versuchen, zu ergründen, welche Verschlüsselung eingesetzt ist, liegt ein zentraler, nicht zu vernachlässigender Fokus vielmehr auch auf einem Chat-Server, der quell-offen, einfach zu administrieren, vernetzbar (federierbar) und insbesondere kryptographisch gerüstet ist, idealerweise also auch beim Schlüsselmanagement unterstützt. Und: auch auf einem Kleinstrechner laufen kann.

Es ist ein einfacher praxisorientierter Lackmus-Test, jemanden, der ein bestimmtes Chat-Programm oftmals fast schon mit religiösem Fanatismus allein aufgrund der App vertritt, zu fragen, wie wir dazu denn auch den passenden Chat-Server selbst installieren können oder es erlernen können. Das Ausbildungsziel »Chat-Server-Installation« sollte zur regulären Abschlussprüfung technischer Ausbildungs- und Hochschulabschlüsse bzw. zu einem Pflichtfach Informatik in der Schule gehören, um die Installation eines Kommunikations-Servers für eine verschlüsselte Kommunikation selbst vorzunehmen zu können.

Dieses Ziel erreichen wir jedoch nur, wenn jede Schule einen eigenen Chat-Server für die Schulklassen aufsetzt und ausgewählte Lehrinnen und Lehrer sowie entsprechende IT-Administratorinnen und IT-Administratoren an jeder Schule vorhanden und darin ausgebildet sind.

Sollten Wetten eingegangen werden, dass von zehn Lehrenden im Fach Informatik aus zehn verschiedenen Schulen im Rahmen eines Hackathons mit den 10 besten Schülerinnen und Schüler aus dem Informatikunterricht der jeweiligen Schule nicht eine Gruppe dabei ist, die einen eigenen Chat-Server von oben genannten Anbietern für die eigene Schule innerhalb eines mehrstündigen Workshops von alleine aufsetzen kann?

Der Markt quell-offener Messenger-Applikationen ist reichhaltig. Warum sollte nicht jede Schule ihren eigenen Server und Messenger betreiben? Ein optimaleres Thema als Lernprogramm im Bereich Informationstechnologie, Informatik und Digitalisierung kann man sich nicht vorstellen. Ein individuelles Recht auf Verschlüsselung im Messenger sollte auch ein schulisches Recht auf Föderalismus stärken, dass sich eine Schule aus den ministeriell vorgegebenen Bildungsclouds und zentralen IT-Angeboten ausklinken darf, um eigene Bildungswege in der IT-Architektur zu gehen, beispielsweise um eigene Messenger und deren Server kennen zu lernen und zu verwenden.

Letztlich, im Fokus einer weiteren Körnungsgröße, führt es zu der Frage, ob ein YouTube-Telekolleg so zentralisiert sein darf wie WhatsApp, sodass ein lokales Kollegium an Lehrerinnen und Lehrern wegrationalisiert werden kann? Die Ausgangsfragestellung, wie organisieren Schulen ihre internen und digitalen Kommunikationsstrukturen, fängt bei einem Souveränitäts-Bekenntnis zu einer selbstgewählten Chat-Server-Software an und korrespondiert mit der Frage, inwieweit Lehrerinnen und Lehrer ihre eigenen Lehrmaterialien und ihre eigene Didaktik in einen (virtuellen) Klassenraum einbringen (dürfen). Tun wir es nicht, reicht ein landesweites Video aus der YouTube-Konserve genauso gut aus, wie ein ministeriell vorgeschriebener Messenger bzw. Server für alle Schulen?

Eine einfache, zu erarbeitende, Kriterien-Übersicht kann helfen, Chat-Server zu vergleichen, um eine solche Chat-Server-Installation an der lokalen Schule zu finden, die beim nächsten Klassenausflug die Kommunikation untereinander regeln könnte.

Abbildung 3: Muster-Template für eine Lernaufgabe Kriterien-basierter Chat-Server Vergleich

Kriterium / ausgewählte Chat-Server Software	Leicht zu installieren/ administrieren	Kryptogr. Funktionen wie Key Management vorhanden	quell-offen	vernetzbar & federierbar / ohne Accounts	Einfach zu kompilieren / Anleitung vorhanden
BigBlueButton					
DHT Servers					
Echo Netcat/Socat					
GoldBug Server					
IMAP / POP3					
Jitsi					
Matrix					
OwnCloud					
Signal					
SmokeStack					
NetCat & SoCat					
Spot-On					
Spot-On Lite Serv					
Wire AWS					
XMPP Prosody					
XMPP Ejabberd					

Quelle: [28]

Die weitere Forschung wird das Themenfeld der Chat-Server-Software und ihrer Funktionsweisen vertiefend analysieren. Hier besteht dringend weiterer Forschungsbedarf. Auch Schulklassen im Informatikunterricht können dieses Thema also praxisorientiert erkunden, indem in jedem Jahrgang ein Chat-Server installiert wird und die Erfahrungen dokumentiert und/oder mit den Vorjahresklassen verglichen werden.

Abbildung 4: Smoke Crypto Chat Messenger

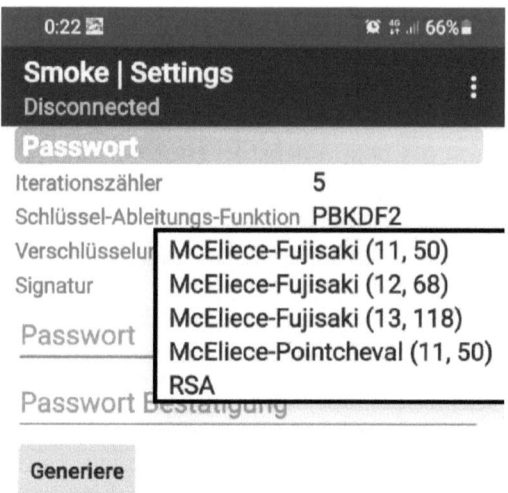

Quelle: [29]

Der Smoke Crypto Chat Messenger ist eine Echo Software Applikation nicht nur für Chat, sondern auch für weitere explorative kryptographische Funktionen und gilt als weltweit der erste quantum-computing sichere mobile McEliece Messenger. Er verfügt über drei McEliece Implementationen nach Fujisaki bzw. Pointcheval und eine Super-McEliece Implementierung mit hohen Schlüsselwerten. Mit seinem quell-offenen Server SmokeStack harmoniert er als verschlüsselte Messaging Lösung auf dem Android Betriebssystem. Eine Implementierung auf das Apple-Betriebssystem in der Swift Programmiersprache ist durch eine italienische Entwicklergruppe in Vorbereitung. Sämtliche transferierte und gespeicherte Daten sind hochgradig verschlüsselt. Chats mit RSA-Schlüssel sind dank entsprechender Mathematik und Implementierung kompatibel und interoperabel mit Chats aus McEliece-Schlüsseln. Der Messenger gilt als ein Schulungs- und Evaluierungsprojekt par exellence für das Zeitalter der Dritten Epoche der Kryptographie und wird regelmäßig von Schulklassen als Messenger im Praxis-Unterricht ausgetestet (https://f-droid.org/de/packages/org.purple.smoke/).

Es leiten uns mindestens vier Fragen:

(1) Erstens, kann ich den quell-offenen Chat-Server selbst installieren (ggf. auch kompilieren, aber zumindest: administrieren)?

(2) Zweitens, kann der Chat-Server für die Größe einer zu definierenden Gruppe auf Kleincomputern wie einem Raspberry-Pi oder auf einem mobilen Android-Gerät installiert werden?

(3) Drittens, kann der Chat-Server auch kryptographische Schlüssel und Cipher-Text managen, z.B. für Offline-Freunde den Cipher-Text zwischenspeichern?

(4) Und viertens, wie können mehrere Server ohne registrierte Accounts zusammengeschaltet (federiert) werden?

11 # NETCAT & SOCAT: TERMINAL-BEFEHLE ALS TELEKOMMUNIKATIONSANLAGE? •

Die HTTPS-Server und das dazu passende, verschlüsselnde Echo-Protokoll, die sich auf die genannten Klienten beziehen, haben mit dem Echo, das in einem sog. »RFC«-Memorandum (englische Abkürzung für: Request for Comments) definiert wird, nichts zu tun. Dennoch gibt es mit RFC 862 auch eine Definition, die quasi als Reflektor-Server all das spiegelt, und wieder ausgibt, was herein kommt. Eben wie ein Echo. Dieses sollte daher auch mit verschiedenen Chat-Protokollen auf HTTPS-Basis interessant sein. Insbesondere für das verschlüsselnde Echo-Protokoll. Echo-862 trifft Echo-Protokoll. Für diesen Zweck kann man die Funktion Socat (anstelle von Netcat) als Echo-Server nutzen und Netcat als Klient. Die Einrichtung erfolgt über einige wenige Kommando-Zeilen.

Socat Echo Server (lauscht am TCP-Port 1234):
```
socat -v tcp-l:1234,fork exec:'/bin/cat'
```

Netcat Klient (verbindet zur Server-IP am TCP-Port 1234):
```
nc serverip 1234
ncat -e /bin/cat -k -u -l 1234
```

-e bedeutet, es führt aus /bin/cat (um das zurückzuspiegeln, was eingetippt wird).
-k bedeutet ein Keep-Alive, dass es weiterhin lauert nach jeder Verbindung.
-u bedeutet UDP.
-l 1235 bezeichnet den Port 1235.

QTerminal, das sich bei Github finden lässt, ist ein Terminal mit ansprechender Qt-Oberfläche, das sich auch als einfache Chat-Kommandozeile an einen Echo-Server anbinden lässt.

Die Eröffnung eines solchen Reflektors oder Mediators als Server auf der Kommandozeile, der zwei Klienten verbindet, ist wohl die einfachste Art, einen Server zu denken z.B. mit dem HTTP(S)-Chat-Protokoll, oder um die Ende-zu-Ende-Verschlüsselung auf mehrere am Server verbundene Geräte zu verteilen und lesbar zu machen. Wie könnten Netcat und Socat nur als Telekommunikationsanlage verstanden werden? Dieser Echo Service 862 ist ein Werkzeug aus dem Mai 1983, quasi einer Zeit vor jeglicher Demokratisierung von Verschlüsselung und auch fast eine Dekade vor der Veröffentlichung von PGP/GPG (Pretty Good Privacy bzw. Gnu Privacy Guard), sowie jeglicher Novellierungs-Absichten, Telekommunikationsanlagen für Ende-zu-Ende-Verschlüsselung einzuschränken. Und letztlich ist es nur ein einfacher Spiegel oder Repeater, der mit ausgewählten Chat-Klienten harmoniert.

12 # RETROSHARE:
WAS WAR NOCH MAL TURTLE HOPPING? •

RetroShare ist ein verschlüsselndes, quell-offenes Programm für Chat und Datei-Transfer und ist stark in der Suche und dem Download von Dateien aus dem Bestand von Freundinnen und Freunden. Da alle Verbindungen zu Kontakten verschlüsselt sind und nur zu definierten (vertrauten) Freundinnen und Freunden erfolgt, entsteht ein Vertrauensnetzwerk, ein auf Englisch: »Web-of-Trust«. Das ermöglicht, in der Suche und beim Transfer von Dateien auch über die eigenen Kontakte hinaus zu gehen. So werden auch die Datenbestände von Freundinnen und Freunden, und von deren Freunden, und wiederum deren Freundinnen und Freunden adressiert. Und so fort, bis zu sieben Hops.

Dieses beschreibt das sog. »Turtle Hopping«[30], wie es Anfang der Jahrhundertwende von *Petr Matejka* und *Bogdan Popescu* mit *Bruno Crispo* sowie dem IT-Hochschullehrer *Andrew Tanenbaum* an der Freien Universität Amsterdam als Modell für das Gnutella-Netzwerk bzw. als Ausweg aus der Peer-to-Peer-File-Sharing-Krise beschrieben wurde. *Andrew Tanenbaum* wurde vor allem als Entwickler des Unix-artigen Betriebssystems Minix bekannt sowie als Autor mehrerer Standardwerke zu diversen Themen der Informatik.

Mit RetroShare wurde diese Architektur in diesem verschlüsselten Friend-to-Friend-Netzwerk eingebaut.

Turtle Hopping auf Basis von Verschlüsselung verwandelt ein Peer-to-Peer-(P2P)-Netz also in ein Friend-to-Friend-(F2F)-Netz um, d.h. die Verbindung, die ein Knotenpunkt aufbaut, ist auf keinen unbekannten Peer mehr gerichtet, sondern auf eine bekannte Freundin oder einen bekannten Freund.

Denn: Wer ohne Verschlüsselung bzw. ohne dieses Vertrauen wahllos zu einem unbekannten Peer und dessen IP-Adresse verbindet, läuft immer Gefahr, an diesem Knotenpunkt auf eine Anwältin oder einen Anwalt zu treffen. Dann könnte der Datentransfer analysiert werden und, wie bei der Musikindustrie über die Jahre oftmals erfolgt, mit einer urheberrechtlichen Anklage geprüft werden.

Bislang war in RetoShare jede Nutzerin und jeder Nutzer mit dem GPG-Schlüssel an seine IP-Adresse gebunden und darüber in oben erwähnten Distributed Hash Table (DHT) auch auffindbar. Nach der Veröffentlichung des Echo-Protokolls hat nun auch RetroShare ein quasi ähnliches Verfahren übernommen und eine zusätzliche Ebene an Schlüsseln über dieses statische (bereits verschlüsselte) Turtle-Hoping-Netz gelegt. D.h. es wird zwar mit einer identifizierbaren IP und dem GPG-Schlüssel verbunden, doch werden dann auf dieser Basis weitere temporäre Schlüssel erzeugt, die nicht mehr an die IP-Adresse geknüpft sind und damit unabhängig genutzt werden können, z.B. für die Forenbeiträge. Echo also auch dort: Insofern hat RetroShare ähnlich diesem Protokoll nicht an die IP-Adresse geknüpfte temporäre Schlüssel als darübergelegtes Netz bzw. Identifikationsmechanismus für Nachrichten vor einigen Jahren implementiert. Das Paradigma »Beyond Cryptographic Routing« wurde hier in Anlehnung übernommen.

RetroShare war schon von Anbeginn an ein umfassendes Netzwerk, das umso grösser wird, je mehr Freundinnen und Freunde man hinzufügt - und diese Freundinnen und Freunde gleiches tun. Wie schon genannt, hat es auch kryptographische Spezifizierungen: so ist bei einem Datei-Transfer keine Ende-zu-Ende-Verschlüsselung oder gar volatile Verschlüsselung vorgesehen. Wer seine Musikdateien durchsuchbar mit anderen Freundinnen und Freunden teilen will, findet hier auch in den Dateibeständen der Freundinnen und Freunde umfassende Downloadmöglichkeiten. Diese sind so lange kryptographisch sicher, wie auch die direkten IP-Verbindungen tatsächlich nur zu vertrauten Freundinnen und Freunden erfolgen. Und, wenn dieses Vertrauensversprechen alle weiteren in der

Download-Kette bzw. im Netz erbringen. Die Sicherheit bezieht sich somit auf eine Punkt-zu-Punkt-Verschlüsselung, d.h. jede Zwischenstation wird eine zu transferierende Datei nach dem Download aus- und vor dem weiteren Upload wieder mit Verschlüsselung einpacken. Da alle allen vertrauen, gilt dieses als sicher.

Neben Chat und Dateitransfer ist bei RetroShare ebenso ein intern bezugnehmendes P2P-E-Mail- und auch Foren-System integriert. Jeder kann öffentliche oder private Foren für definierte Teilnehmerinnen und Teilnehmer eröffnen und in diese mit einem anonymen Namen eine Nachricht einstellen. Die Nachricht kann im Klar-Text sein, oder, wenn z.B. Rosetta zur vorherigen Konversion genutzt wird, auch im Cipher-Text.

Eine weniger ausgearbeitete Alternative zu RetroShare ist das Programm »Alliance P2P«.

13 # VIER POSTFÄCHER OHNE MENSCHENNUMMER-IDENTIFIKATION BEI FREUNDINNEN UND FREUNDEN ERHALTEN: INSTITUTION, CARE-OF, OZONE UND BITMESSAGE •

Neben dem RetroShare-internen P2P-E-Mail-System gibt es noch vier weitere, distribuierte und kryptographisch unterstützte E-Mail-Systeme, die nicht nur keinen zentralen Server benötigen, sondern auch vom Protokoll und der Kryptographie her interessant sind.

P2P-E-Mail wird in den Vordergrund rücken, wenn öffentlich zugängliche E-Mail-Postfächer ohne SMS-Authentifizierung bzw. Identifizierung mit dem Personalausweis nicht mehr anonym zu erhalten sind – auch, wenn es zu diesem Zeitpunkt die Kirchen ggf. wundern lässt, dass der Initiierungsprozess, wenn ein Jugendlicher erstmalig einen Ausweis oder eine Telefonnummer erhält, aus staatlich-sicherheitspolitischer Sicht von größerer Bedeutung sein könnte, als die erste Kommunion oder Jugendweihe aus religiöser Sicht. Die Telefonnummer identifiziert uns alle, wie auch der Personalausweis. Und US-Bürgerinnen und -Bürger fragen sich in bekannten IT-Foren, warum die Telefonnummer nicht mit der in den USA landesweit eindeutigen Sozialversicherungsnummer gleichgesetzt wird – denn dort hat die Sozialversicherungsnummer die Funktion eines allgemeinen Personenkennzeichens, da es keine allgemeine Meldepflicht gibt.

In Europa kennen wir ein solches Personenkennzeichen nur bei der Steuer oder zwecks Erfassung der Jahrgänge beim Ehrenamt bzw. beim Militär. Doch bereits heute ist davon auszugehen, dass die USA Listen mit allen weltweit vergebenen Telefon-Nummern und den dazu gehörigen Personen pflegt. Es sind ja schließlich auch alle Telefonnummern bei WhatsApp oder haben eine SMS von Facebook erhalten. Eine neue Funktion von WhatsApp weitet diesen Erfassungsdienst nun auch auf biometrische Merkmale aus: Wer auf WhatsApp-Web oder die WhatsApp Desktop-App zugreifen will, muss die Anmeldung erst per Fingerabdruck oder Gesichtserkennung über das Smartphone absegnen. Auf Android-Geräten, welche biometrische Authentifizierungssysteme nutzen, wird die Funktion automatisch aktiviert sein. Das gleiche gilt für iOS-Devices ab iOS-Version 14. Und: die Registration lässt sich nicht einfach deaktivieren. Wer die biometrische Authentifizierung abschalten will, muss das komplette biometrische Authentifizierungssystem des Smartphones deaktivieren.

Für Deutschland gilt: Die Einführung einer Menschennummer folgte nur wenige Wochen nach der zu Beginn dieses Buches beschriebenen europäischen Novelle zur Einschränkung der Ende-zu-Ende-Verschlüsselung[31]. Jede und jeder Deutsche wird demnach nicht mehr nur für das Finanzamt mit einer lebenslang gültigen persönlichen Kennung ausgestattet, sondern der Gesetzgeber beschloss die Einführung dieser Menschen-Nummer auch für andere Zwecke. Die Steuer-ID soll als einheitliches Identifizierungsmerkmal in allen Verwaltungsbereichen auf Bundes- und Landesebene zum Einsatz kommen. Der Widerstand von Datenschützer blieb unerhört. Die Steuer-ID auf viele weitere staatliche Bereiche auszuweiten, ließ den Innenministern bereits den Big Brother Award, den Negativpreis der Datenschützer, zukommen. Diese Menschennummer, auch freundlich BürgerInnen-Nummer genannt, ist ein weiterer epochaler Schritt in eine Gesellschaft, die durch Computer und Algorithmen gesteuert wird. Jeden Menschen mit einer Nummer durchzuzählen, halten viele nicht für des Menschen würdig. Die Würde des Menschen werde mit einer Menschennummer angetastet.

Die Systeme des Staates werden demnächst nicht mehr Menschen mit Namen, sondern führend nur noch ihre Identifikationsnummern verarbeiten können. Und dieses tastet auch ein würdiges Menschenbild an.

Werden wir schon in naher Zukunft Zwangsprozesse anhand der Nummer durchführen und das Potential großen Unheils anhand der Menschennummer abschätzen müssen? Einschätzungen aus der Wissenschaft, von den Datenschutzbehörden der Länder und sogar des Wissenschaftlichen Dienstes des Bundestages selbst hatten sich ebenso bedenklich geäußert, ob solch eine einheitliche Menschen-Identifikation für elektronische Systeme überhaupt verfassungsmäßig ist.[32]

Das Vorhaben eines Personenkennzeichens in der Bundesrepublik Deutschland wurde schon in den 1970er Jahren verworfen, da der Rechtsausschuss des Deutschen Bundestages 1976 feststellte, dass »die Entwicklung, Einführung und Verwendung von Nummerierungssystemen, die eine einheitliche Nummerierung der Bevölkerung im Geltungsbereich dieses Gesetzes ermöglicht, wegen fehlender gesetzlicher Grundlage unzulässig ist.«[33]

Eine Identifikationsnummer für das gesamtdeutsche Steuerwesen wurde dennoch 40 Jahre später nach der *Personenkennziffer* (PKZ) in der DDR zum 1. Juli 2007 eingeführt – jedoch nur für den Zweck der Erhebung der Steuern. Zur Umsetzung übermittelte jedes Einwohnermeldeamt dem *Bundeszentralamt für Steuern* (BZSt) jede zum Ablauf des 30. Juni 2007 im Melderegister geführte Bürgerin und geführten Bürger. Doubletten wurden bereinigt.

In der Tat kann eine Kommune ein Lied davon singen, dass bei jedem Amt die Adressdaten von Bürgerinnen und Bürgern wieder manuell eingespielt werden, weil es kein gemeinsames Adressverzeichnis gibt und so zahlreiche Doubletten und Falsch-Schreibungen entstehen.

Mit der Menschenkennziffer auf Basis des neu geschaffenen Gesetzes ist es technisch nun möglich, mehr als 50 unterschiedliche staatliche Datenbanken und Register miteinander zu verknüpfen: Das reicht vom Melderegister, über Radiogebühr, die Schulanmeldung, Zeugnisausgabe bis zur Fahrzeugregistrierung. Wer diese Daten zusammenführt, erhält nicht nur eine kongruente Datenlandschaft in der Verwaltung, sondern auch ein sehr genaues Bild über die Lebensumstände eines Menschen. Auch bei einer Volkszählung mag es sinnvoll sein, jede Person eindeutig identifiziert benennen zu können. Schließlich sind auch alle deutschen Soldatinnen und Soldaten, Zivildienstleistenden sowie Angehörige der Verwaltung bei Bundeswehr und dem Bundesamt für Familie und zivilgesellschaftliche Aufgaben mit einer Personenkennziffer versehen. Diese setzt sich aus dem Geburtsdatum, dem Anfangsbuchstaben des Nachnamens und einer fünfstelligen Zahl, von der die ersten drei Stellen den Meldebezirk angeben, zusammen.

Bislang durfte es jedoch für übergreifende Verwaltungsprozesse keine Personenkennziffer oder das gemeinsame Identifikationsmerkmal der Menschen geben. Von 1976 bis zur Erfassung 2007 und Nutzung als Steueridentifikation dauerte es nur weitere 14 Jahre, bis der Funktionszweck der Steueridentifikation im Jahre 2021 umgewandelt wurde zur Menschenidentifikation, mit der die Ämter nun sämtliche, die Würde des Menschen betreffenden Amtsvorgänge adressieren können.

Die Umwandlung der Steuer-ID in eine Identifikationsnummer für jede Bürgerin und jeden Bürger, also dieser Menschennummer oder Personenkennzahl, versuchte der Datenschutzbeauftragte des Landes Sachsens, *Andreas Schurig*, noch zu verhindern mit dem Argument: es bestünde die Gefahr, dass umfangreiche Persönlichkeitsprofile erstellt werden. So gäbe es auch Gründe in der Historie, ein solches Personenkennzeichen abzulehnen: »In der DDR war Anfang der 1970er Jahre eine umfassende Personenkennzahl eingeführt worden, die zur Kontrolle der Bevölkerung genutzt wurde.«[34]

Andreas Schurig ist als Vorsitzender der deutschen Datenschutzkonferenz nicht nur Mathematiker und Datenschutzexperte, sondern auch studierter Theologe mit philosophisch-theologischen Hintergrund.

Gerade der kirchliche Kontext scheint eine aktive Stellungnahme zur Menschnummer zu erfordern, denn der paradiesische »Garten Eden« als Inbegriff der Einheit des Menschen mit Gott und sein Zugang zur ewigen Lebensfülle im »Baum des Lebens« (Gen 3,22 EU) geht nicht nur durch den Sündenfall verloren, bei dem der Mensch fortan mit dem animalischen »Fell-Kleid« (Gen 3,21 EU) die Geschichte des Sterblichen zwischen Geburt und Tod beginnt, sondern charakterisiert insbesondere auch dann einen Sündenfall, wenn dieses Fell nun mit einem Nummern-Etikett versehen wird. Heute würde man sagen: tätowiert oder mit einer Elektronik-Kapsel unter der Haut »gechipped« wird.

Es bleibt abzuwarten, wie das deutsche Bundesverfassungsgericht im Klagefall die Erteilung einer eindeutigen Ziffer für Menschen bewertet. Menschen sind würdig durch einen Namen und ggf. durch ihr Geburtsdatum zu adressieren, und nicht durch eine reine Nummer zur Kennzeichnung des Menschen.

Denn: Nicht nur die Personenziffer in der damaligen DDR spielt historisch eine Rolle, ein diese Menschenkennziffer ablehnendes Werte- und Rechtsverständnis ist auch der noch weiter zurückliegenden deutschen Geschichte geschuldet: Die Nationalsozialisten ermordeten Menschen aufgrund ihrer Zugehörigkeit zu bestimmten in Registern und Verzeichnissen erfassten Gruppen.

Zudem bekamen in der damaligen dunkelsten Zeit Deutschlands Menschen eine Nummer eintätowiert, z.B. im Konzentrationslager Ausschwitz durch den Tätowierer *Lale Sokolov*: Erst nach dem Tod seiner Frau Gita, entschloss sich *Lale Sokolov*, seine Geschichte 50 Jahre später einer Bekannten, Autorin *Heather Morris*, zu erzählen, die aus seinen Erinnerungen, Erzählungen und ihren eigenen Recherchen die packende wahre Geschichte schrieb: Der Tätowierer von Ausschwitz – *Lale Sokolov*. Lale wurde unter dem Namen *Ludwig Eisenberg* am 28. Oktober 1916 in Krompachy (Krompach), Slowakei, geboren. Am 23. April 1942 wurde er nach Auschwitz deportiert und erhielt dort die Häftlingsnummer 32407. Lale konnte diesen Wahnsinn in Auschwitz nur überleben, indem er aus Menschen Nummern machte: Nachdem er eine Typhuserkrankung nur knapp überlebt hatte, wurde er zum Haupttätowierer des Lagers, nicht zuletzt, weil er mehrere Sprachen sprach und schnell lernte, wie man es anstellen musste, um nicht aufzufallen und damit zu überleben. Unzähligen Mitgefangenen musste *Lale Sokolov* die fünfstelligen Zahlen in die Unterarme stechen - das Symbol für die unvorstellbaren Gräueltaten der Nazis. Seine Geschichte war geprägt von einem Kampf ums Überleben. Seine Frau Gita (geboren 1925) starb im Oktober 2003 und Lale im Oktober 2006, das Buch erschien erst 2018 und zeigt, wie eine Menschennummer von den Nationalsozialisten gedacht wurde.

Auch der Sozialpsychologe *Erich Fromm* beschreibt am Fall von *Adolf Eichmann*, wie eine Sozialisation zur Verwaltungsdenke, die Menschen zu Nummern werden lässt, den Typus eines Organisationsmenschen erzeugen kann, der sich nicht nur auf die damalige Zeit beziehen lässt, sondern den er als Symbol für uns alle sieht: »Der Fall Eichmann ist symbolisch für unsere Situation und besitzt eine Bedeutung, die weit über das hinausgeht, womit sich seine Ankläger im Jerusalemer Gerichtshof beschäftigen. Eichmann ist der Prototyp des Organisationsmenschen, des entfremdeten Bürokraten, für den Männer, Frauen und Kinder zu bloßen Nummern geworden sind. Er ist das Symbol für uns alle.«[35]

Während der Zeit des Nationalsozialismus und des Zweiten Weltkrieges leitete *Adolf Eichmann* in Berlin das »Eichmannreferat«. Diese zentrale Dienststelle des Reichssicherheitshauptamtes (RSHA, mit dem Kürzel IV D 4) organisierte die Verfolgung, Vertreibung und Deportation von Juden und war mitverantwortlich für die Ermordung von schätzungsweise sechs Millionen Menschen im weitgehend vom NS-Staat besetzten Europa. Im Mai 1960 wurde er von israelischen Agentinnen und Agenten aus Argentinien entführt und nach Israel gebracht, wo ihm ein öffentlicher Prozess gemacht wurde. Er wurde zum Tode verurteilt und in der Nacht vom 31. Mai auf den 1. Juni 1962 durch Hängen hingerichtet.

Wer beim Zählen von Menschen so mit dem Leben von Menschen rechnet wie im Fall *Adolf Eichmann*, als seien lebendige Menschen Nummern, zeigt, wie Gefühle zu Eis erstarrt sind: Es ist nicht menschlich und würdig, Menschen mit Nummern zu versehen. Die Stadt Pforzheim brachte 2013 daher eine Gedenkschrift zu Euthanasie-Verbrechen der Nationalsozialisten an Menschen aus Pforzheim heraus mit dem Titel: »Namen, nicht Nummern«[36].

Sollten Menschen also auch zukünftig mehr mit ihrem Namen gekennzeichnet sein als mit einer Personenkennziffer (PKZ), einer Identifikationskennziffer (IDKZ) oder Menschennummer? Beispielsweise mit dem Geburtsdatum und dann dem Namen: »19X1-01-01-Tenzer-Theo«? Oder macht es numerisch keinen Unterschied, wenn dieses eine 16-stellige Nummer statt einer textlichen Zeichenkette ist? Und sollte sich eine heutige Beamtin bzw. ein heutiger Beamter als werdender Organisationsmensch schlecht fühlen, diese zu vergeben, zu erheben und zu verarbeiten? Insofern kann es nicht nur um technisch erzielte Effizienz oder Eindeutigkeit gehen, oder um eine historische Verantwortung, sondern um die Würde des Menschen, diesen nicht mit einer Nummer zu kennzeichnen. Dieses kann nicht nur eine rechtliche Fragestellung sein, sondern muss auch eine ethische sein. Menschennummern sind demnach zutiefst unanständig; beziehungsweise muss gefragt werden: fehlt bei denen, die Menschennummern vergeben, zutiefst ein moralischer Kompass des werteorientierten Anstands?

Eine Vorratsdatenspeicherung kann sich auf die zeitlich definierte Speicherung von IP-Adressen beziehen, die Nutzerinnen und Nutzer bzw. deren Rechner im Internet temporär oder dauerhaft verwenden. Eine permanente Zuweisung einer Nummer zu einem Menschen oder die anlasslose Identifikation von Menschen für Kommunikationsgelegenheiten, ist ein Schritt mehr als reiner Zahlen-Vorrat, es ist eine Menschennummer und eine Personenvorratsdatenspeicherung. Damit, sowohl einzeln als auch in Kombination, ist die zuvor angesprochene Matrix-Überwachung geschaffen: Person 53-88-14 wird identifiziert, an der IP-Adresse 123.153.312.32 am Port 4812 um jene Zeit eine Kommunikation mit einem Gegenüber mit ähnlichen identifizierenden Zahlen vorgenommen zu haben, wobei die Schlüssel für die Kommunikationsinhalte hinterlegt sein müssen, und damit diese angewandt werden können, wird auch jeglicher elektronischer Kommunikationsinhalt gleich mitgespeichert.

Bei der Überwachung des Straßenverkehrs wird derzeit gleiches festgestellt: Hier kann man alle Ausgänge einer Straße überwachen, oder die fahrenden Menschen mit ihren Fahrzeugen. Was ist effizienter? Wer nicht alle Ports im Internet überprüfen kann, ob dahinter ein unregistrierter Kommunikationsserver steht, versucht dieses abzukürzen mit der Registrierung eines jeden Menschen und seines gewählten Kommunikationskanals?

Analoge wie digitale Bewegungen (Fahrten mit Verkehrsmitteln oder Besuche von Webseiten) und Weitergaben von Nachrichten (Briefpost oder Messenger) mit gespeicherten Kanal-Daten (IP-Adresse und Port) sowie Zeit-Stempeln zu versehen, weiterhin die technischen Maschinen und Mittel für Bewegungen und Nachrichten meldepflichtig zu registrieren (gewählte Automarke, gewähltes Verkehrsmittel oder gewählter Messenger) sowie auch die Menschen selbst nicht nur zu registrieren, sondern ggf. zukünftig auch zuvor zu identifizieren, kommt einer totalitären Fantasie nach.

Genau diese Gesetzes-Ausarbeitung kam - europaweit - nur wenige Monate später nach der beschlossenen EU-Gesetzgebung zur Verschlüsselung und deutschen Einführung der Menschennummer: Bürgerinnen und Bürger Europas werden ihre Identität nun elektronisch per Smartphone mithilfe einer sogenannten EUid-Brieftasche nachweisen. Anbieter wie Facebook oder Google bereiten dann die neue EU-ID zum Login (ohne pseudonyme Nutzung) vor: keine E-Mail oder Chat-Nachricht mehr ohne identifizierte Anmeldung per ›E-Wallet‹. Das eindeutige und dauerhafte Identifizierungsmerkmal wie die oder ähnlich der Deutschen Menschen-Kennziffer ist auch mit biometrischer Authentifizierung zu versehen – so sieht es die Verordnung für elektronische Identifizierung und Vertrauensdienste für elektronische Transaktionen vor (kurz: eIDAS[37], Englisch für: Electronic Identification and Trust Services for Electronic Transactions). Macht sich Europa mit diesem eIDAS Verfahren auf, die Grundlagen zu schaffen, die Menschen nun europaweit besser durchzuzählen zu können als deutsche Orte es jemals konnten?

Christian Stöcker, Hochschullehrer für den Studiengang Digitale Kommunikation in Hamburg, forderte daher im Magazin *»Der Spiegel«* den Rücktritt des Innenministers nach dem Gesetzesbeschluss für die Menschenkennziffer und einer Identifizierungspflicht im Internet: Der deutsche Innenminister versuche, einer von Corona abgelenkten Öffentlichkeit gerade mal eben eine totalitäre, offenkundig verfassungswidrige Neuordnung des Internets unterzujubeln – übrigens schon im mindestens zweiten Anlauf. Schon diese Versuche sind so unanständig, dass man spätestens jetzt sagen müsste: Es reicht: Entlasst den Innenminister *Horst Seehofer*. Diese direkte Kritik an dem langjährigen Berliner und auch Münchener Regierungsbeamten formulierte er sicherlich nicht nur, weil er Kulturkritik an der Bayerischen Akademie ebenso in München studierte, sondern weil sie inhaltlich fundiert ist. Auch nach Meinung der Opposition sei dieser Minister mit diesen totalitären Fantasien einfach eine Gefahr für die Demokratie geworden.[38]

Und diese Fantasien werden zudem nun in mehreren Gesetzen in einem ganzen, überlappenden Kontext real: Neben der gesetzlich beschlossenen Menschennummer in einem elektronischen Wallet werden auch »zuarbeitende« Gesetzte vorgesehen: nun sollen auch zentrale Biometrie-Datenbanken[39] für Passbilder und Unterschriften aufgebaut werden. Und: Nach einem ergänzenden Gesetz soll dabei die Nutzung von Smartphones als elektronisches Identifikationsmittel bei ökonomischen Prozessen erfolgen[40]. Der Wirtschaftsverband aus der IT-Branche *Eco* begrüßte dieses, um damit beispielsweise außerhalb des Heimatlandes elektronisch Bankkonten eröffnen zu können. Das *Forum der Informatikerinnen und Informatiker für Frieden und gesellschaftliche Verantwortung* (FIFF) lehnt diese Konzeptionen und diese Verquickungen zur Totalüberwachung entschieden ab[41].

Auch stellt sich die Frage, ob die Europäischen Mitgliedsländer die sich überstülpende Führung in der Gründlichkeit dieser deutschen Verwaltungsideen humanistisch dauerhaft mittragen werden und ob Rücktrittsforderungen nicht später europäisch adressiert werden müssen?

Es geht dabei nicht nur um eine Überwachungsgesamtrechnung (s.o.), sondern die Summe der Einzelteile ist bekanntlich immer mehr als das Gesamte. Das heißt, es bedarf auch einer strategischen Bewertung der Einzelmaßnahmen auch in Verknüpfung und zueinander: Wer Menschen mit Nummern kennzeichnet, ihre biometrischen Merkmale in Datenbanken erfasst, zu denen sie Identifikations-Zugang über ihr Smartphone gewähren müssen, wenn sie beispielsweise ein selbstfahrendes Auto buchen wollen oder eine E-Mail schreiben, ist nicht weit davon entfernt, Menschen einen Chip zu implantieren zur dauerhaften Kontrolle an jeder elektronischen Tür zur jeder Toilette oder Bedürfnisanfrage.

Insofern geht es in diesen Anfängen nicht nur um die Registrierung der Kommunikationsgeräte bzw. der Kommunikationskanäle, sondern auch um die Menschen, die darin kommunizieren, und um das Bild derer, die dieses Menschenbild entwerfen. Wenn gemäß diesen länderspezifischen Novellen in Europa nicht nur Menschennummern vergeben, sondern Menschen biometrisch in Datenbanken indiziert werden, sowie Chat-Server an IP-Ports zu registrieren sind, wären ganz praktisch gesprochen auch @-E-Mail-Postfächer zukünftig ggf. als melde- und identifikationspflichtig zu betrachten, da sie einen Kommunikations-Port für humane Geschöpfe darstellen.

Für eine Freiheit von diesen Pflichten kann die Infrastruktur nur auf Kommunikations-Ports umgestellt werden, die auf Peer-to-Peer- oder (wie bei RetroShare gesehen) besser auf Friend-to-Friend-Architekturen aufbauen. Es geht um den Aufbau anbieterunabhängige Kommunikationsanlagen: Technische Kommunikations-Software, die ohne professionelle und gewerbliche Anbieter im Bereich des Messagings von jedem selbst installiert und genutzt werden kann. Diesem Anspruch nach verbietet es sich, für Kommunikationstechnologie finanzielle Mittel an einen Anbieter oder Provider zu bezahlen, wenn man damit nicht seine eigene Unabhängigkeit finanziert.

Ein solcher früher und rudimentärer Prototyp für P2P-Messaging war Bit-Message: Ein Postfach, ohne Anbieter!

BitMessage: Der Klient setzt auf ein kleines Netzwerk über einen eingebauten (DHT-)Server-Kontakt auf und verbindet den einzelnen Klienten, der zu anderen Klienten eine Nachricht senden kann. Interessant ist dabei nicht die direkte Verbindung, denn diese funktioniert ja, wenn beide Nutzer online sind. Sondern die Fragestellung bei P2P-Netzen ist, wie Bob Alice erreichen kann, wenn sie offline ist. Dann ist die Nachricht in dem Netzwerk entsprechend in anderen aktiven Knotenpunkten zwischenzuspeichern, bis Alice wieder online kommt.

BitMessage erreicht dieses über die Zwischenspeicherung der Nachricht in *mehreren* benachbarten Knotenpunkten, die online sind. Es ist also eine hohe Redundanz der Nachrichten erforderlich, um noch eine Kopie einer Nachricht zu finden, wenn zwischenspeichernde Knotenpunkte zwischendurch mal offline gehen sollten. Da das Netzwerk jedoch experimentell ist, gibt es kaum stabile Speicheroptionen in diesem P2P-E-Mail, außer ggf. dem Kontenpunkt des Betreibers.

Das Verschlüsselungsprotokoll von BitMessage, das einen vertraulichen und anonymen Austausch von E-Mail-ähnlichen Nachrichten in diesem Peer-to-Peer-Netzwerk ermöglichen soll, basiert auf der vom elektronischen Geld Bitcoin bekannten Technik, der Blockchain. Kennzeichen der Blockchain ist, dass Metadaten aufgezeichnet werden: Das aktuelle Kettenglied hat alle Informationen über vorherige Transaktionspunkte in dieser Kette.

Die Nachrichten werden bei BitMessage verschlüsselt und signiert übertragen. Anders als zum Beispiel bei den E-Mail-Verschlüsselungsprotokollen GPG und S/MIME werden bei BitMessage auch Absenderin und Absender, Empfängerin und Empfänger sowie die Betreffzeile verschlüsselt.

Der Entwickler nahm 2012 noch an, dass eine Angreiferin bzw. ein Angreifer einen einzelnen Internetanschluss abhören oder kontrollieren kann, jedoch nicht die Internetanschlüsse aller BitMessage-Nutzerinnen und -Nutzer. Diese Annahme ist hinfällig nach den Snowden-Papieren 2013 und dem nachgewiesenen Paradigma des »Permanent Record«, der dauerhaften potentiellen Aufzeichnung aller im Internet übertragenen Inhalte. Metadaten einer BitMessage-Nachricht können also jederzeit auch von außen betrachtet werden: Sendezeit, Nachrichtenlänge, Knoten von Nachbarinnen und Nachbarn usw.; zugleich speichert die Blockchain-Technologie wie genannt auch die zurückliegenden Ereignisse der jeweiligen Knotenpunkte einer Verbindungskette. Gelingt es, Zugang zu einem privaten Schlüssel zu erhalten, können nachträglich alle bisher mit der zugehörigen BitMessage-Adresse empfangenen Botschaften entschlüsselt werden. BitMessage ist also nicht zum Austausch von Forward Secrecy-bzw. temporären Schlüsseln oder gar multiplen Schlüsseln wie beim Fiasco Forwarding programmiert. Die letzte Version 0.6.1 liegt schon einige Jahre zurück und es ist anzunehmen, dass sie auch nicht mehr auf die Höhe der Zeit kommen wird.

Care-of-Methode: Eine andere Methode, P2P-E-Mails in einem Netzwerk zwischenzuspeichern, ist die Methode des Care-of. Hier werden die Nachrichten von zwei Freudinnen bzw. Freunden in einem gemeinsamen dritten Knotenpunkt gespeichert. Aufgrund der Verschlüsselung kann diese zwischenspeichernde Station die Nachricht nicht einsehen. Es ist lediglich erforderlich, dass Alice und Bob gemeinsam eine dritte Freundin oder dritten Freund haben oder einen Account auf einem Webserver als dritte Instanz nutzen, die dann online ist, wenn einer der beiden offline ist.
Beispielsweise in der Dreier-Konstellation Alice, John und Bob: John wird als Freund von sowohl Bob wie auch von Alice die E-Mail-Nachrichten jederzeit für beide zwischenspeichern, wenn Alice oder Bob einmal offline sein sollten. Kommen sie wieder online, können sie die Nachrichten aus der Instanz von John abrufen, wenn er während der eigenen Offline-Zeit online war. Es spricht also einiges dafür, mehrere Freundinnen und Freunde zu vernetzen, die online sind, wenn man selbst mal offline sein sollte. Dieses wird als sog. »c/o – Care-of-Methode« bezeichnet. Sie findet sich im P2P-E-Mail des Spot-On Klienten.

E-Mail-Institution: Eine weitere Methode ebenso in vorgenannter Software ist die Einrichtung einer »E-Mail-Institution«. Dieses kommt der Einrichtung eines E-Mail-Postfaches gleich. Das Besondere ist dabei jedoch, dass dieses Postfach über einen kryptographischen Schlüssel angesprochen wird, die Institution somit lediglich im Netzwerk bekannt sein muss, aber keine Adressierung auf TCP/IP Ebene benötigt. Dank der Kryptographie finden sich die Nachrichten ein, alsbald die Nutzerin bzw. der Nutzer online kommt. Die Betreiberin bzw. der Betreiber einer E-Mail-Institution gibt für dieses Postfach einen kryptographischen Token aus. Das Postfach ist also nicht mit dem eigenen Schlüssel für E-Mail verknüpft, wie das bei der Care-of-Methode der Fall ist: Eine Betreiberin bzw. ein Betreiber einer Institution kann diesen Service für Freundinnen und Freunde von seinen eigenen privaten E-Mails trennen.

Ozone-Postfach: Schließlich ist die vierte Option, Nachrichten in einem P2P-Netzwerk zu lagern, die Einrichtung eines Ozone-Postfaches. Dieses wird im Server SmokeStack administriert bzw. automatisch durch einen Messenger nach Verbindung dort hinterlegt. Für ein Ozone ist nur ein einfacher Begriff zu definieren, der im Server und im jeweiligen Klienten erscheint: Wenn die Nutzerin oder der Nutzer beispielsweise den Begriff BERLIN im Messenger hinterlegt und auch im SmokeStack Server dieser Begriff hinterlegt wurde, kann der Messenger dieses Postfach umgehend nutzen. Aufgrund der Verschlüsselung und seiner eigenen Schlüssel macht es auch nichts, wenn jemand anderes das gleiche Wort BERLIN in einem Ozone-Postfach des Servers hinterlegt.

Um Nachrichten abzurufen, muss auch keine direkte Verbindung mit dem Server hergestellt werden. Es reicht aus, wenn dieser irgendwo im P2P-Netzwerk eingebunden und über Zwischenknoten verbunden bzw. erreichbar ist.

Heißt: Ozone's sind quasi konfigurationslose Postfächer, die sich über die kryptographischen Schlüssel selbst steuern; also wesentlich einfacher einzurichten sind, als ein klassisches IMAP-E-Mail-Postfach mit IP und Port, Account und Passwort.

Natürlich kann auch die Menschennummer anstelle eines Wortes wie »Berlin« als Zeichenkette bzw. als Alias für ein Ozone-Postfach genutzt werden: Kaum einfacher könnte man sich ein sicheres DE-Mail vorstellen, das jede Bürgerin und jeden Bürger erreicht?

Wer also selbst seine verschlüsselten Nachrichten abstinent von Dritten oder zentralen Anbietern speichern möchte, ist bei einem der genannten P2P-Netzwerke gut aufgehoben mit verschiedenen Methoden, wenn Freundinnen und Freunde ebenso einem dieser dezentralen Ökosysteme für Kommunikation gegenüber offen sind. Es ist dabei letztlich keine Glaubensfrage, sondern bei P2P-E-Mail wie auch bei Chat wiederrum nur die Gestaltung, seine eigene Infrastruktur zu vernetzen und auf die Finanzierung von Messaging-Anbietern zu verzichten, die eine Aufgabe von Unabhängigkeit erzwingen. Und wie gesehen, geht das bei einigen Friend-to-Friend-verbindenden Applikationen sehr einfach und unkompliziert, Chat und E-Mail für die Liebsten einzurichten.

14 # IM UNSICHTBAREN DHT-NETZWERK
MIT BRIAR ●

Briar (englisch: so viel wie dorniges Dickicht oder Dornenbusch) ist ein freier Peer-to-Peer-Instant-Messenger. Briar kommt dank eines Distributed Hash Table (DHT) ohne zentrale Server aus und benötigt nur minimale externe Infrastruktur, so werden Verbindungen auch über das Randomisierungsnetzwerk Tor hergestellt.

Ein DHT-Overlay-Netzwerk verbindet einzelne Knotenpunkte in einem P2P-Netzwerk. Ein Knoten kann dann den jeweiligen zuständigen Knoten bzw. die zugehörige IP-Adresse für einen bestimmten Schlüssel finden. Dabei hält jeder Knoten vermerkt in einer Routingtabelle Verbindungen zu anderen Knoten (seinen Nachbar-Knoten) aufrecht. Ein Knoten wählt seine Nachbarn entsprechend der Struktur des Netzwerks.

Es besteht folgende grundlegende Eigenschaft in einem DHT: für jeden Schlüssel weiß jeder Knoten entweder die ID des Knotens, der für diesen Schlüssel zuständig ist, oder er hat einen Link zu einem Knoten, dessen ID näher an dem gesuchten Schlüssel ist, dazu wird ein Distanzmaß genutzt. Im Bereich des Messagings wird dieser Schlüssel im DHT als Identifikationsmerkmal definiert, um die IP der Freundin bzw. des Freundes ausfindig zu machen. Heißt aber auch: kennt man den Schlüssel eines Knotenpunktes, kann man auch die IP-Adresse herausfinden (und ggf. angreifen, wenn nicht abgesichert über Tor). Dieses »drübergelegte« kleine P2P-Netz ermöglicht es somit für Messenger gleichwohl auch, die Kommunikation zu Freundinnen und Freunde mit der passenden IP-Adresse zu starten, ohne einen Server zu fragen, der alle kennt. Die Datenbank des Servers wird also in ein P2P-Netz verlagert, in dem man diejenigen fragt, die gerade online sind, ob sie Alice kennen und welche aktuelle IP-Adresse sie hat. Dann kann Bob direkt ohne Server zu ihr verbinden. Damit gibt es auch keinen Server-Anbieter oder Unternehmen, das zum Kopieren bzw. Upload von Schlüsseln verpflichtet werden könnte.

Ebenso in einem DHT befinden sich die zu Briar eigenständigen Messenger-Alternativen aTox, qTox und uTox - doch sind die Nachteile hier, dass alle diese Programme die bestehenden Verbindungen in der Benutzeroberfläche nicht anzeigen, die Verschlüsselung nicht aktuell ist, und die zerklüftete Entwicklungsgemeinschaft ggf. halbfertige Programme seit einigen Jahren auch ruhen lässt und zu wenig aktualisiert. Kurzum: sie alle können daher hier nicht weiter erläutert werden und Briar wird als exemplarischer DHT-Messenger neben Jami im Folgenden referenziert.

Viele Nutzerinnen und Nutzer fühlen sich zudem unsicher bei Messengern, die Verbindungen zu zahleichen Knotenpunkten in so einem DHT statt zu einer festen, ihnen bekannten Serveradresse aufbauen. Insbesondere dann, wenn es wie bei Briar ein- und ausgehende Verbindungen vom Tor-Netzwerk sind, denn eine Verbindung geht ja immer in beide Richtungen – und wer will schon die Cyber-Skripterinnen und Cyber-Skripter mit den Tor-IP-Adressen an sein Smartphone heranlassen?

Nachrichten sind in Briar ebenso Ende-zu-Ende-verschlüsselt und nur auf den Geräten der beteiligten Kommunikationspartnerinnen und Kommunikationspartner gespeichert. Briar hat dabei jedoch die Kunst und technologische Option des Messagings zu Offline-Freundinnen und Offline-Freunden, wie es bei anderen Messengern etabliert ist, nur rudimentär beantwortet und schreibt auf der Webseite: Wenn Dein Kontakt offline ist, wird die Nachricht das nächste Mal ausgeliefert, wenn ihr beide gleichzeitig zusammen gerade online seid. Was wäre dabei, hybride die Nachricht aus einem Ozone- oder Care-of-Postfach abzurufen? Praktisch und kryptographisch gibt es also in anderen Messengern inzwischen weiter entwickeltere Methoden, um Nachrichten von Offline-Freunden auch aus diesen sog. »DHT-Netzwerken« (mit und ohne Tor) zu beziehen. Mit Session und SimpleX Chat Messenger bestehen weitere mobile DHT-Messenger, die sich an Tor anbinden.

Eine Alternative zu Briar ist Jami, das ohne das Netzwerk Tor auskommt. Jami ist recht unbekannt und bietet gegenwärtig zwei unterschiedliche Funktionalitäten in der gleichen Anwendung: Einen SIP-Client, der mit Anmeldedaten eines Providers zur klassischen VoIP-Telefonie am PC geeignet ist. Zusätzlich gibt es Jami-Konten mit P2P-Funktionalität. Beide Kontentypen sind jedoch nicht zur Interaktion geeignet. Statt eines Servers wird ebenso ein DHT verwandt, es ist das Netzwerk OpenDHT. Die App verwendet für die Kommunikation eine Ende-zu-Ende-Verschlüsselung mit Perfect Forward Secrecy und erfüllt den X.509-Standard. Jami ist Open Source und steht plattformübergreifend zur Verfügung. Auch Jami speichert die Nachricht für Offline-Freundinnen und Offline-Freunden nur wenige Minuten, ggf. in unterstützenden zentralen Servern des Anbieters. Obwohl Server in Jami nicht erforderlich seien, werden sie dennoch für fünf spezifische Fälle auf der Webseite benannt:

Push-Benachrichtigungen, der OpenDHT-Proxy, Bootstrap, Name-Server und TURN. Daher fragt eine Nutzerin des bekannten Reddit-Forums: Warum wird bei Jami von P2P gesprochen, wenn es Server in der Mitte gibt?

15 # VERSCHLÜSSELTES FILE-SHARING: FREENET & OFFSYSTEM ●

Das klassische Peer-to-Peer-File-Sharing (wie mit Gnutella, EMule oder Torrent) wurde mit RetroShare durch ein sicheres Friend-to-Friend File-Sharing (inklusive Turtle Hopping, s.o.) abgelöst. Dennoch wird eine Präsenz, also das Online-Sein einer Daten-Quelle, vorausgesetzt.

Zwei andere Netzwerke ermöglichen darüber hinaus, eine zu veröffentlichende Datei in ein Netzwerk einzulagern, und dann offline zu gehen, sodass erst zu einem späteren Zeitpunkt der Schlüssel für die Entschlüsselung veröffentlicht wird. D.h. die oder der Veröffentlichende bzw. die Urheberin oder der Urheber bleiben damit als Datenquelle offline. Die Programme, die diese Netzwerke etablieren, heißen Freenet oder Offsystem. (Bzw. Offload ist auch eine weitere Applikation für selbiges Netzwerk).

Praktisch gesehen wird also eine Datei in ein Online-Netzwerk distribuiert (hochgeladen) und verbleibt dort verschlüsselt in den Speicher-Containern von weiteren Knotenpunkten dieses Netzwerkes. Da Nutzerinnen und Nutzer in einem Netzwerk kommen und gehen, ist es hier ebenso erforderlich, alle Blöcke einer Datei mindestens drei Mal in das Netzwerk zu laden, damit nach einiger Zeit noch alle Puzzelteile der Datei im Netzwerk vorhanden sind, wenn jemand die Blöcke herunterladen bzw. die Datei daraus wieder zusammensetzen will. Redundanz ist also auch hier erforderlich – und, die Bereitschaft von Nutzerinnen und Nutzern im Netzwerk, auf der eigenen Festplatte verschlüsselte Blöcke von anderen zu lagern, die man selbst aufgrund der Verschlüsselung nicht einsehen kann!

Doch wer würde schon potenziell fremde oder gar ungewünschte Dateien bei sich lagern wollen? Das ist der Kompromiss, den man eingehen muss, wenn man ebenso in einem dieser Netzwerke (oder dem Knotenpunkt eines anderen) seine Dateien sichern will.

Hier kommt jede bzw. jeder ggf. an eigene ethische Grenzen und beginnt Verschlüsselung in diesem Kontext zu sehen: Da man Verschlüsselung nicht einsehen kann, spielt es dann (k)eine Rolle, was in den verschlüsselten Blöcken ist?

Vielmehr wird die Sicherheit der Verschlüsselung angezweifelt - oder es wird eine Vermutung angesprochen: in der verschlüsselten Datei von anderen könnte auch potenziell unerwünschter Inhalt sein, der die Verantwortung von anderen auf die eigene Festplatte überträgt? Wenn anderen egal sein muss, was ich verschlüssele, dann soll mir auch egal sein, was andere verschlüsseln?

Wäre es uns egal, wenn wir nicht wissen, was ist?

Eine Anwältin, die regelmäßig verschlüsselte E-Mails enthält, kann plötzlich ein verschlüsseltes Mail nicht öffnen. Was wäre, wenn diese Verschlüsselung eine Anleitung zum illegalen Bombenbau enthielte? Wie lange könnte die Anwältin sich vorstellen, die Mail aufzubewahren? Und wie geht es dem E-Mail-Postfach-Betreiber, bevor die Anwältin sich diese verschlüsselte E-Mail in ihren Klienten herunterlädt? Oder beim IMAP-E-Mail-Server eine Kopie auf dem Server belässt?

Wäre es uns egal, diese Unkenntnis um uns herum zu haben? Oder könnten wir sie ertragen, weil die Unkenntnis auf Verschlüsselung beruht? Die Tatsache, dass wir Unkenntnis erkennen, führt i.d.R. dazu, dass wir Unbekanntes ablehnen, da wir es nicht kennen lernen können, wie es beim Suchen und Lesen bzw. Kennenlernen von lesbaren Schriften in einer Bibliothek der Fall wäre?

Die Frage ist also: Vertrauen wir der Verschlüsselung nicht – denn, wenn sie funktionierte, stellte sich ja auch kein individuelles Abwägungs-Problem? Oder möchten wir keine Unkenntnis, damit also auch keine Verschlüsselung? Freiheit ist immer die Freiheit des Andersdenkenden und Verschlüsselung ist immer auch das Anerkenntnis der Unwissenheit über die ggf. privaten Kommunikationsinhalte anderer Menschen?

Scott Edwards fragt in diesem Zusammenhang daher zu folgender Analogie: »›Die Freiheit des anderen beginnt mit der Annahme seines Cipher-Textes‹ - wenn das bekannte Zitat von *Rosa Luxemburg* (1918) in dieser Formulierung auf das nächste Jahrhundert angewendet werden kann? Wenn es schwierig ist, die Grenzen einer lesbaren Meinung eines anderen zu akzeptieren, wie leicht sollte es uns fallen, die Grenzen einer unlesbaren Meinung des anderen zu akzeptieren?«, müsse gefragt werden[42]. Oder wie sagt der Volksmund: Was ich nicht weiß, macht mich nicht heiß, bzw.: wie Du mir, so ich Dir?

Werten Berufskraftfahrerinnen und Berufskraftfahrer ihren Transport von Schweinen zum Schafott eines Schlachthofes ethisch anders, wenn sie stattdessen Schweizer Messer nach Solothurn bringen könnten? Oder spielt eine Kenntnis über das Transportgut keine Rolle?

Ähnliche ethische oder tautologische Diskussionen besprechen Schülerinnen und Schüler übertragen auf einen Bezug zur Logistik inklusive Lagerung und Weiterleitung von verschlüsselten Datenpaketen: Verschlossene Pakete lassen uns in Unkenntnis über persönlich legitime bzw. gesellschaftlich legale Inhalte und Transporte, die aufgrund der Verschlossenheit nicht von anderen Überlegungen getrennt werden können. Niemand soll sagen, ich kannte den Inhalt nicht, oder ich habe die Lieferung nur weitergeleitet?! Ist Unkenntnis gegen die Preisgabe von Privatheit zu tauschen bzw. kann eine Ethik der Verantwortung entwickelt werden, die auf Kontrollverlust beruht? Und dabei soll niemand seine Sicht, über die der gesellschaftlich definierten stellen?!

Es gibt Dinge, die wir wissen und Dinge, die wir nicht wissen, und unter diesen Dingen gibt es weitere Dinge, bei denen wir nicht wissen, dass wir sie nicht wissen; und selbst die Dinge, die wir wissen müssen, sie sind und bleiben unbekannt, weil wir nicht genug wissen, um zu wissen, dass wir sie nicht kennen können. Bei allem, was wir wissen, sollten wir wissen, dass diese bekannten Dinge klein sind und die Kleinheit von ihnen eigentlich nicht so bekannt ist, so dass es am besten ist, zu wissen, dass wir nichts wissen oder entziffern können?

Oder wie es *Ludwig Wittgenstein*, der in über 450 Stellen seines Nachlasses verschlüsselten Code eingebaut hatte, einmal formulierte: »Die Grenzen meiner Sprache bedeuten die Grenzen meiner Welt.«[43] Häufig finden sich bei diesem Philosophen neben Reflexionen kulturgeschichtlichen Inhalts auch philosophische Gedankengänge. Er berichtet dabei oft auch in Code über die Art und Weise seines Philosophierens. Interessanterweise verfasste er auch Instruktionen für die Veröffentlichung seiner Schriften in Code, was dafürspricht, dass er sich der Einfachheit der Entzifferung seines Codes offenbar bewusst war und insofern dieser nicht als Geheimschrift bezeichnet werden sollte.

Verschlüsselung erinnert hier auch an ein geflügeltes Wort antiken Ursprungs seit dem griechischen Philosophen *Sokrates*: »Wir wissen, dass wir nichts wissen«, den Platon in seiner Apologie dieses thematisieren lässt. *Platons* Textstellen besagen dabei nur, dass *Sokrates* sich des Umstands bewusst sei, dass ihm Weisheit oder ein wirkliches, über jeden Zweifel erhabenes Wissen fehle.

Kann also zum Nicht-Wissen um die Inhalte von verschlüsselten Daten-Paketen eine Parallele zur Philosophie des Nicht-Wissens gezogen werden, weil die Verschlüsselung eine Erkenntnis der Inhalte genauso verbaut, wie fehlende Erfahrungshorizonte oder unbekannte Lerninhalte?

Es ist dort nicht die Rede von technischem Fachwissen, sondern von Bestimmungen im Bereich der Tugenden und der Frage nach dem Guten: »Was ist Besonnenheit? Was ist Tapferkeit? Was ist Frömmigkeit? Was ist Gerechtigkeit?«, wird erfragt. Und: Die wahre menschliche Weisheit sei es, sich des Nichtwissens im Wissenmüssen des Guten bewusst zu sein.

Wie der historische *Sokrates* sein Nichtwissen und die prinzipielle Möglichkeit oder Unmöglichkeit menschlichen Wissensbesitzes beurteilt hat, ist in der altertumswissenschaftlichen Forschung jedoch umstritten - genauso wie ein Recht auf Verschlüsselung das ausschließende Wissens- und Erkenntnis-Interesse von anderen im heutigen Zeitalter umstritten beurteilen mag: Wer von Anderen verschlüsselte Daten zwischenspeichert, muss sich bewusst sein, dass sie oder er die Inhalte darin nicht einsehen kann. Eigentlich ganz trivial und sorglos? Denn verschlüsselte Daten können grundsätzlich von anderen nicht eingesehen werden.

Doch von diesen Fragen und Reflektionen zu persönlich verschlossener bzw. kollektiv zu kontrollierender Erkenntnis bzw. rechtlicher Garantie des Unwissens anderer zurück zur Technik, die oftmals immer nach dem gleichen Definitions-Schema funktioniert und Zugang und Erkenntnis nur mit einem Schlüssel ermöglicht.

Das Offsystem-Netzwerk hat neben der Verschlüsselung einer Datei noch einen besonders spezifischen Ansatz, der auf der Homepage der Applikation nachzulesen ist: Eine Datei besteht aus binären Werten, also eine 0 oder eine 1. Mittels der Methode XOR kann nun die Zeichenkette aus 0 und 1 Werten mit einer weiteren Zeichenkette quasi verschmolzen werden. Es hängt lediglich von der Rechenoperation ab, ob bei der Rückwandlung die eine Zeichenkette wieder erhalten wird, oder die andere. Das erinnert an das Kapitel zu Beginn über Stenographie, also das Verstecken einer Datei in einer anderen Datei, bzw. deren Cipher-Text oder encodierten Text.

Vereinfacht ausgedrückt: Denken wir an die Nummer Zwölf (12). Sie kann repräsentiert werden als fünf plus sieben (5+7), oder fünfundzwanzig minus dreizehn (25-13). In diesem Fall ist die *Bedeutung* nicht in den Nummern, sondern in der Beziehung der Nummern untereinander. Werden die Nummern einzeln genommen, also 5, 7, 13 und 25, sind sie niemals 12. Und sie *enthalten* in keinster Weise die Zahl 12. [44]

Wenn eine Musikdatei mit der anderen Musikdatei in dieser Art über verschiedene Operationen verschmolzen wird, und der Rechenweg bekannt ist, dann kann aus der gemeinsamen Masse auch wieder eine Trennung herbeigeführt werden. Das dabei angewandte XOR-Verfahren (»XOR-Concatenation«) ist dabei im Offsystem keine starke Verschlüsselung. Und der Weg, zwei verschmolzene Dateien wieder zu trennen, wird in einer URL mit kryptographischen Werten dokumentiert, die wiederum auch in anderen Dateiblöcken quasi eingemischt werden kann. Man muss also nur irgendwo einen Anfang finden, den ersten Block laden, und man erhält wiederum einen Schlüssel, mit dem man den nächsten Block laden kann und so fort.

Da die URL jedoch quasi ein Schlüssel ist, funktioniert dieses alles im Peer-to-Peer-Netz nicht sicher, wenn nicht ein verschlüsselter Kanal für die Übertragung der URL-Schlüssel besteht. Das Netzwerk als Zwischenspeicher der Blöcke in einem Peer-to-Peer-Netzwerk hätte getrennt werden müssen von einem Friend-to-Friend-Kommunikations-Netzwerk, in dem die URL-Schlüssel für die Zusammensetzung der Blöcke unter Freundinnen und Freunden geteilt wird. Also ein Web-of-Trust für die Schlüssel hätte zu den Daten-Blöcken ergänzt werden müssen, wie es RetroShare in der Entstehung nur drei Jahre später und mittlerweile über mehrere Jahrzehnte bietet. Die Daten-Blöcke selbst, können in einem P2P-Netz verbleiben, sie sind ja nur Zeichenketten aus 0 und 1, und daher jederzeit unkritisch bzw. nicht signifikant, wenn ihnen keine in einer URL gespeicherten Rechenoperation Bedeutung zuführt.

Mit Erkenntnis dieser architektonischen Lücke bzw. des weiteren Aufwandes sie zu schließen, nahm der Entwickler von Offsystem in dem Midlife-Crisis Alter von Mitte 40 - neben einer beginnenden körperlichen Erkrankung - durch Aufgabe des Projektes auch ideell Abschied von seinen Zielen der Vorzeit und diesem Netzwerk zur Daten-Speicherung in einer dezentralen und redundanten Cloud. Ein verschlüsselnder Friend-to-Friend-Chat hätte dem Peer-to-Peer-Netz hinzugefügt werden müssen.

Genau diesen Weg ist das ähnlich gestrickte Netzwerk Freenet gegangen: Es hat neben dem P2P-Netzwerk auch die Option eingebunden, nur zu vertrauten Freundinnen und Freunden in einem Friend-to-Friend-(F2F)-Netzwerk zu verbinden. Es wurde sozusagen über das »Meer verschlüsselter Blöcke« ein Messenger- bzw. Kommunikations-Netzwerk gelegt, das erstens nur zu vertrauten Freundinnen und Freunden kommuniziert, und zweitens, verschlüsselt ist.

Insofern ist heutzutage (neben Freenet) auch RetroShare kompletter als das Programm Offsystem verschlüsselt und man kann es gut nutzen, wenn denn nicht stört, dass eine Quelle zeitweise offline sein kann bzw. (bei RetroShare) in den einzelnen Zwischenstationen beim Turtle Hopping keine durchgängige Ende-zu-Ende-Verschlüsselung besteht.

Die Frage der technologischen Architektur richtet sich also nach dem intendierten Nutzungszweck: Wenn eine Journalistin oder ein Journalist in ein anderes Land einreist, und am Flughafen das Smartphone abgeben muss, damit eine komplette Kopie der Inhalte des Speichers gemacht wird, möchte sie oder er ggf. Hinweise auf bestimmte Interviewpartnerinnen und -partner oder Dokumente nicht an der Grenze in fremder Hand deponieren. Dazu wäre es gut, nur eine URL oder einen Schlüssel zu verschlüsseln bzw. zu erinnern, mit dem nach der Landung mit der Internetverbindung hinter der Grenze eine gezippte Datei wieder aus einer Cloud - bzw. in diesem Kontext: P2P-Cloud wie Freenet - nachgeladen werden kann.

Nach der Reise wieder im Heimatland angekommen, und kontinuierlich online, wie auch Freundinnen und Freunde oder die Redaktion, können die Interview-Dokumente auch über RetroShare an Kolleginnen und Kollegen oder Freundinnen und Freunde gesendet werden.

Freenet und Offsystem kommen aus der Zeit des File-Sharings vor mehr als zwei Jahrzehnten, das heute aufgrund von Streaming-Abos zurückgegangen ist. Bei diesen Netzwerken konnte jedoch ein Hochladen einer Datei in der Vergangenheit stattfinden. Somit konnte der Schlüssel zum »Ziehen« und Herunterladen der Datei aus dem Netzwerk mittels verschlüsselter Blöcke auch in der nachfolgenden Zeit erfolgen. Nämlich dann, wenn die originale Distributorin bzw. der originale Distributor wieder offline ist. So blieb die Insertion einer Datei anonym. Wäre es eine perfekte Architektur z.B. für die Veröffentlichungen von dem Enthüllungs-Portal Wikileaks, die dort bislang auf einem zentralen Server erfolgten und schließlich zu dem bekannten Verwicklungen führten? Welche Auswirkungen hat es auf Whistleblowing, wenn Dokumente von diesen Personen selbst weiterzugeben und in die Öffentlichkeit zu bringen sind oder nur ein Passwort zu Dokumenten, die andere im Netz bereits öffentlich zugänglich, aber verschlüsselt gespeichert haben?

Warum sollte es also nicht auch heute eine redundante, distribuierte Cloud geben, die durch ein P2P-Netzwerk getragen wird, und so überall verfügbaren und nicht zentral steuer- und zensierbaren Speicherplatz bereitstellt? Aus Gaia-X, der europäischen Cloud, könnte mittels der Nutzerinnen und Nutzer eine Gaia-Freenet-P2P-Cloud werden? Für die freie Rede in öffentlichen Foren versuchte das zuletzt 2011 aktualisierte P2P-Forenportal Osiris[45] genau diesen Zweck in einem solchen distribuierten Netzwerk abzubilden.

Der Schutz der eigenen Meinung, die Veröffentlichung von Daten und Meinungen ohne Zuordnung von Urheberschaft, ist heute jedoch im RetroShare- bzw. Freenet-Netzwerk aufgegangen, das aktiv von vielen Journalistinnen und Journalisten genutzt wird. Letztlich kann aber jede Webseite mit Cipher-Text ein Dokument sein, das dann zugänglich wird, wenn ein Schlüssel verfügbar wird. Denn Verschlüsselung hat *meistens* bereits in der Vergangenheit stattgefunden. Es braucht diese P2P-Netze nicht, wenn Cipher-Text in den Datenleitungen oder auf Homepages ist.

16 # ONIONSHARE – TRANSFER MIT & OHNE CHAT •

OnionShare ermöglicht den anonymen 1:1-Austausch von beliebig großen Dateien übers Internet. Das Laden aus dem Schwarm von mehreren Nutzerinnen und Nutzern ist nicht wie bei vorgenannten Klienten vorgesehen. Das Werkzeug setzt dabei auf das anonymisierende Tor-Netzwerk. Bei der Nutzung richtet OnionShare auf dem Computer der Nutzerin bzw. des Nutzers einen Web-Server ein, der für andere als sog. »Hidden-Service« (deutsch: versteckter Anbieter) erreichbar ist. OnionShare stellt dafür eine URL zur Verfügung, die andere Nutzerinnen und Nutzern den Download der angebotenen Datei ermöglicht. Entscheidend dabei ist, dass die Download-URL nur über einen zuverlässig verschlüsselten Kanal versendet wird. Die zwingend notwendige Verbindung zum Tor-Netzwerk stellt die Empfängerin bzw. der Empfänger zum Beispiel durch die Installation des Tor-Browsers her. Aber auch OnionShare selbst bringt die nötigen Bordmittel mit, um den Download über Tor zu gewährleisten. Bei diesem Tauschprogramm ist man direkt mit dem Randomisierungsnetzwerk verbunden.

Andere Transfer-Programme können ebenso über den LocalHost an Tor angebunden werden. Somit kann beispielsweise auch der Datei-Transfer in den Programmen Smoke Chat mit der Steam-Funktion oder RetroShare oder GoldBug Messenger und viele weitere mit Proxy-Funktion zum Tor-LocalHost angebunden werden. Die Nutzung des Smoke Messengers hat dabei den Vorteil, dass verloren gegangene Datenpakete durch das Steam-Protokoll nochmals geprüft und erneut übertragen werden, wie es bei TCP der Fall ist.

Ein jeweils verfügbarer Webserver kann dabei je nach Applikation innerhalb oder außerhalb des über LocalHost angebundenen Randomisierungs-Netzwerkes verbunden werden. Das ist dann letztlich eine Geschmacksfrage, ob ein HTTPS-Echo-Server außerhalb von Tor angesprochen wird, oder ein OnionShare-Server innerhalb von Tor als Hidden Service.

Unterschiedlich ist jedoch die Verschlüsselung: OnionShare verschlüsselt nicht eigenständig, sondern nutzt nur die Kanäle von Tor. Die anderen genannten Klienten, die an den LocalHost von Tor angeschlossen werden, verschlüsseln zusätzlich auch die zu sendenden Datei-Pakete bzw. können sogar ein Passwort auf die Datei setzen.

OnionShare hat nicht nur keine eigene Verschlüsselung implementiert, sondern bietet auch keine Option für einen verschlüsselten Chat an, denn die Download-Links müssen ja auch irgendwie sicher zum Gegenüber übertragen werden. Das selbe Dilemma wie im Offsystem. Daher sollte man Werkzeuge an Tor anbinden, die sichere Chat-Kanäle sowie weiterhin Kanäle für den Datei-Transfer vorhalten, auch wenn dabei ein Chat-Server ggf. außerhalb von Tor über TLS- bzw. HTTPS-Verbindungen zu adressieren wäre.

Insofern ist OnionShare nur eine partielle Alternative zum vorgestellten Programm RetroShare. RetroShare ist nicht ende-zu-ende verschlüsselt, wie es bei der als Nachfolge-Programm von Web-of-Trust-Sharing eingeschätzten Spot-On Verschlüsselungs-App der Fall ist. Sie kann auch über Tor mit dem Localhost-Proxy angebunden werden.

Auch wenn in neueren Versionen von OnionShare eine Chat-Option eingefügt wurde, implementiert OnionShare keine eigene Chat-Verschlüsselung, sondern stützt sich stattdessen auf die Verschlüsselung des Tor-Dienstes, deren Exit-Knoten ja bekanntlich kritisch sind. Der Chat-Raum findet abhängig auf einem innerhalb von Tor zentralen Server des Entwicklers statt. Es geht mehr um eine hinter dem Tor-Netzwerk versteckte Telekommunikationsanlage als um klientenseitige Verschlüsselung.

17 # WEBSUCHE UND P2P-URL-SHARING MIT YACY & SPOT-ON •

Neben der Kommunikation im Internet, Chat und E-Mail, sowie der Übertragung von Dateien spielt der dritte große Bereich von Nutzungsabsichten im Web eine zentrale Rolle: die Suche nach Informationen. Webseiten mit Artikeln und Nachrichten liefern diese im World Wide Web.

Dabei wird gegoogelt, in der Wikipedia geschaut, was das Zeug hält - oder aber vernetzte Nutzerinnen und Nutzer in den sozialen Medien wie RetroShare, Mastodon, Twitter oder Facebook senden uns die URLs zu den neuesten Themen in unsere Nachrichtenliste.

Junge Wissenschaftlerinnen und Wissenschaftler erlernen an der Hochschule in ihrer Informationsverarbeitung oftmals ein »Enzyklopädisches Prinzip« – das so viel bedeutet wie: Erst alles sichten, und dann das Relevante in die zu bearbeitende Fragestellung einbauen. Oder wie die Bibel im ersten Brief Kapitel 5 an die Thessalonicher formuliert: Sichte und prüfe alles, und behalte das Gute!

Zugleich wird uns in der öffentlichen und digitalen Welt jedoch deutlich, dass wir vieles gar nicht sichten können. Viele Informationen bleiben zurück, dringen nur nach Jahren an die Öffentlichkeit, wie es z.B. über 50 Jahre dauerte, dass allgemein bekannt war, dass Asbest gesundheitsschädlich ist. Oder die Informatoren sind in strukturellen Gegebenheiten verfangen: wir erhalten Nachrichten nur in einer sog. »Filterblase«, d.h. von Freundinnen und Freunden aus den sozialen Netzen mit den gleichen Ansichten. Erfahren aber zu wenig die Argumente einer Gegenseite und können uns diese daher auch nicht erschließen. Oder: Nutzerinnen und Nutzer sind von einem zentralen Service wie Google abhängig, und das bedeutet auch, von der Priorisierung der Nachrichten durch andere abhängig zu sein – oder gar, wenn die URL nicht im Index verzeichnet wird, dieser Realitätsanpassung (um nicht Zensur zu sagen) zu unterliegen.

Der Zugang zu autonomen, vollständigen und unpriorisiertem Wissen ist daher ein wichtiges Anliegen.

Das bedeutet zugleich auch, die Speicherung, Verfügbarkeit und Administration der Informationsbestände nicht nur einem zentralen Dienst zu überlassen, sondern vielmehr in die Hände vieler, der souveränen Nutzerinnen und Nutzer zu legen.

Die Twitter-Nutzerin ›Camelia‹ fragte unlängst nach einer Software, die es ermöglicht, die URLs ihrer gefunden Webseiten in einer Datenbank durchsuchbar zu machen. Sie wollte voraussichtlich wohl einen Datenbestand zur jüdischen Kultur zusammenstellen.

Oder URLs von Webseiten für queere Menschen der LGBTQIA-Gemeinschaft: auch sie werden im digitalen Zeitalter von den entsprechenden Referaten an den Hochschulen heute ebenso gesammelt, wie sie die letzten 50 Jahre thematische Bücher dazu in ihren Regalen zusammengetragen haben.

Diese digitale Transformation der Wissensbestände ist den Mitgliedern der Chinesischen »Falun Gong«-Guppe in China verwehrt geblieben. Progressive Webseiten zu diesem Stichwort werden genauso wenig in der landesspezifischen Suchmaschine Baidu angezeigt wie einige Webseiten zu dem Thema Menschenrechte.

Dieses sind nur ein paar wenige Anwendungsfälle, kryptographische oder mathematische Abteilungen an Hochschulen mögen ebenso fachspezifische URLs und deren Dokumente abspeichern wie auch Privat-Nutzerinnen und -Nutzer zu jeglichen Hobby-Themen und Interessensgebieten.

All diese individuellen und organisations-spezifischen Blickwinkel haben also schon ein Interesse an einem eigenen, durchsuchbaren Datenbestand an URLs und Webseiten. Kurzum: Statt Google, besser eine Websuche mit einem eigenen Datenbestand zuhause auf der eigenen Festplatte? Ein Datenbestand, der uns gehört. Und eine P2P-Websuche kann diesen liefern.

YaCy ist dabei eine bekannte P2P-Websuche, die ebenso keinen zentralen Server für die Websuche benötigt. Sie hat P2P-Websuche über das letzte Jahrzehnt hinaus etabliert und ist mit rund 250 bis in Spitzenzeiten über 1000 gleichzeitigen Online-Knotenpunkten in diesem Netzwerk in der Lage, mit Millionen von indexierten Webseiten durch die Schwarmintelligenz weniger Menschen, allen eine Alternative zu Google anzubieten.

Bei der Spot-On-P2P-Websuche werden statt der Suchworte die URL-Datenbestände im Netzwerk geteilt: Die Suche erfolgt nicht im Netz, sondern in dem jeweiligen eigenen lokalen URL-Datenbank-Bestand auf der Festplatte (im LocalHost). So werden keine Dokumentationen von Suchanfragen (sog. »Queryhits«) in den anderen Knotenpunkten des Netzwerkes erzeugt. (Ebenso wäre die Seite Startpage.com eine nicht p2p-orientierte, sondern zentrale Suchmaschinen-Datenbank im Web, die die Suchworte in der URL nicht kenntlich macht.)

Wenn Nutzerin Alice eine Datenbank mit 1000 URLs hat, und Nutzer Bob eine Datenbank mit 1000 URLs, und beide den Schlüssel für die URL-Übertragung tauschen, dann addiert sich in jedem Klienten die URL-Zahl auf 2000 URLs. Filtermöglichkeiten für eingehende URLs sind gegeben.

Als Standard sind die Verbindungen im P2P-Netzwerk bei Spot-On Websuche immer verschlüsselt, zu dem vorhandenen Web-Interface, wie auch zu anderen Knotenpunkten. Das sind einige Unterschiede zum URL-Netzwerk von YaCy.

Spot-On-Websuche kann zudem die Dokumente indexieren und diese auf dem lokalen Rechner wie auch im Web zur Verfügung stellen: es wird also eine Kopie ausschließlich nur des Textes der Webseite als PDF- oder Text-Datei in der lokalen Datenbank abgelegt.

Kurzum: Die Spot-On Web- und URL-Suche ist eine technische Alternative, die den URL-Transfer verschlüsselt umsetzt, PostgreSQL- und SQLite-Datenbanken unterstützt, sich über RSS, P2P und URL-Insertionen einspeisen lässt und zugleich aus der lokalen Datenbank heraus ein Text- bzw. PDF-Dokument zu der URL mitliefert. Die Suche kann im Klienten wie auch in der Weboberfläche eines Browsers erfolgen.

Über die RSS-Funktionen beider Klienten, YaCy und Spot-On, können Datenbestände oder aktuelle Suchergebnisse zu bestimmten Stichworten ebenso in einem hybriden Design vernetzt und auch in einer entsprechenden Datenbank lokal gesammelt werden.

Viele Menschen sind jedoch nicht daran interessiert, einen Beitrag zur Vorhaltung von Wissensbeständen zu leisten. Sie nehmen die Option, kostenfrei und zentral »googlen« zu können, einfach hin. Für den jährlichen Spenden-Marathon der Wikipedia sind Lehrerinnen und Lehrer sowie Eltern ggf. noch zu begeistern, kaum wissend, wie viele Informationen in der Wikipedia unterbleiben, Artikel für Aktualisierungen gesperrt sind, neue Informationen Edierungs-Kriegen und Löschungs-Feldzügen unterliegen.

Dass unbeobachtetes und unaufgezeichnetes Suchverhalten notwendig ist, zeigt, dass sowohl Twitter, Google und weitere wie auch zensierende Regime wie China jederzeit in den permanenten Aufzeichnungen feststellen können, wer wann nach welchem Stichwort gesucht oder dazu geschrieben hat.

Wir wollen hoffen, dass nie wieder aufgrund von Erkenntnisinteressen von Menschen die Polizei vor deren Haustüre steht oder gar Lehrerinnen und Lehrer sowie Richterinnen und Richter aufgrund ihrer Recherche aus dem Amt entlassen werden, wie es in der Türkei in den letzten Jahren zu Tausenden der Fall war[46].

Einige wenige sehen daher die Notwendigkeit, auch in der Infrastruktur und in dem Aufbau thematischer Suchkataloge für eine eigene Web-Suche einen Beitrag zu leisten.

Es ist daher wichtig, dass jede Schule, jede Bildungsinstitution mit einem eigenen Knotenpunkt an der Bereitstellung von frei zugänglichen und sofort lesbaren P2P-vernetzten Wissensdatenbanken beiträgt, ggf. auch nur gedanklich.

Der deutsche Bundeskanzler *Gerhard Schröder* und der französische Präsident *Jacques Chirac* hatten dieses seinerzeit 2008 erkannt und das Projekt Quaero aufgesetzt. Ziel war, Websuche neu zu definieren, ggf.

auch P2P. Die Projektanträge waren jedoch so allgemein auf Suchprozesse definiert, dass das Projekt keine wirkliche Internet- oder P2P-Websuche hervorbrachte. Allenfalls die Firmen Exalead und Startpage entwickelten aus dem Projekt heraus eine weitere zentrale Suchmaschine, die jedoch heute ebenso Ergebnisse von Google widerspiegelt.

Zu vermuten ist aber auch, dass die politische Abhängigkeit Deutschlands von Amerika diese Freiheit, eine eigene europäische Websuche aufzubauen, nicht ermöglichte. Suche, Datenbankaufbau und Geheimdienst-Überwachung finden in Übersee statt. Kleinere Technologie-Unternehmen in Europa finden wirtschaftlich keinen Zugang zum Thema URL-Datenbank.

Und Google ist ja wirklich exzellent in der Erfassung des Neuen. Wer die neue und bislang im Internet noch nicht verzeichnete ISBN eines Buches am Tag der Erstausgabe recherchiert, wird feststellen, dass der Seitenzuwachs sehr schnell in Google erfolgt, in den weiteren großen Suchmaschinen Bing oder Yandex oder Baidu jedoch nicht. Die Gründlichkeit des Erfassungsdienstes von Google bietet einen guten Service, erschreckt jedoch auch hinsichtlich der umfassenden Überwachungstechnologie - und verhindert damit Alternativen.

Zehn Jahre später nach Quaero wird ebenso mit der europäischen Cloud Gaia-X versucht, eine europäische Souveränität im Bereich der Datenspeicherung zu schaffen. Dieses Projekt wird ggf. ebenso bald wieder verschwinden wie Quaero. Dennoch haben die inzwischen intensivierten Datenschutzrechte es ermöglicht, dass Daten zumindest nicht in Übersee gespeichert werden müssen.

Die Etablierung einer europäischen, nationalen oder nutzereigenen Suchdatenbank für Webseiten ist also nicht gelungen, da dieses mit Kosten und Mühen verbunden ist.

Somit bleibt die Schwarmintelligenz eines P2P Netzwerkes weiterhin eine wichtige Lösungsmethode, mit der Bildungsinstitutionen für den Aufbau eines durchsuchbaren Wissenstandes treibende Kraft bleiben können. Dazu könnte jede Bildungsinstitution, die mit einer Webseite im Netz präsent ist, per Gesetz verpflichtet werden, einen Server für durchsuchbare URLs in einem P2P-Netz der Datenbanken vorzuhalten, wenn dieses distribuierte Ehrenamt in der Bildungspolitik gegenüber einem Markt-Monopolisten weiter ausgebaut werden soll. Was früher die ISBN für Bücher war, ist heute die URL für Webseiten und Online-Ressourcen. Warum sollte es also nicht auch den Schritt geben, dass jede Stadt eine Datenbank mit URLs zu Webseiten wie eine Stadtbücherei durchsuchbar vorsieht, wenn Wissen heute in Blogs und Webseiten so schnell und dezentral geworden ist, dass die Bevölkerung nicht mehr warten kann, bis jemand das Wissen in einem Buch zusammenfasst und dieses per ISBN in einer Bibliothek aufzufinden ist? Der Buchdruck brachte Bibliotheken, das Internet sollte jeder Stadt eine zügig durchsuchbare URL-Datenbank liefern. Es ist ein überfälliger Schritt des Wissens-Managements unserer Gesellschaft, sich nicht von einer Monopol-URL-Datenbank in der Websuche abhängig zu machen.

YaCy und Spot-On liefern dazu bislang die Modelle und Blaupausen zu solchen verteilten und durchsuchbaren Datenbanken mit URLs zu Webseiten.

18 # WEBBROWSING MIT DOOBLE, IRON UND EINEM COOKIE-WASHER●

Nicht nur die Suchworte unseres Lebens werden dauerhaft aufgezeichnet, auch die Webseiten, die wir täglich besuchen, erfassen über Cookies - kurze identifikationsnummern, die in unserem Browser abgelegt werden - und über andere Methoden Daten. Z.B. für was und wie lange wir uns auf einer Webseite interessieren.

Das Tor-Netzwerk als anonymer, vorgeschalteter Schutz-Proxy ist groß geworden, da Webseiten damit nicht die IP-Adresse und den Standort verraten bekommen. Dazu gleich mehr.

Zugleich liegt eine Wahrheit des Überwachungssystems im Internet auch im Browser für das Web selbst. Der Browser speichert und sendet nicht nur Informationen über die hinterlegten Cookies an die Webseiten, sondern er sendet auch Informationen an den Hersteller, im Falle des Chrome Browsers z.B. an Google. Dazu hat der Google Chrome Browser eine eingebaute Identifikations-Nummer (Chrome-ID). Diese wird neben den Cookies und anderen Verfolgungsmethoden eingesetzt, um eindeutig bei Google zu speichern, dass Nutzerin oder Nutzer bzw. dieser Browser schon einmal auf der Webseite gewesen ist und diese URL aufgerufen hat.

Eine quell-offene Kopie des Google-Browsers Chrome ist der Iron Browser. Er ist der gleiche Google Chrome, jedoch ohne diese Nummer.

Der Browser Dooble Web Browser setzt ebenso auf der Chromium-Bibliothek auf, und hat ergänzend weitere Sicherheits-Merkmale, wie z.B.

die Option, alle eigene Daten in einem verschlüsselten Container zu speichern. An diese kommt man also nur nach Eingabe eines Passwortes. Ohne dieses, bleibt man im quasi jungfräulichen Gast-Modus des Browsers und niemand kann die Surfhistorie einsehen. Er ist mit dieser Funktion das VeraCrypt der Browser.

Darüber hinaus hat Dooble auch eine Art Cookie-Washer. Dieses Cookie-Management ermöglicht es, die angesammelten Cookies nach einer Surf-Sitzung alle wieder heraus zu löschen. Jedoch ist es für definierte Webseiten möglich, die Cookies zu behalten, beispielsweise wenn man dort dauerhaft eingeloggt bleiben möchte oder das Passwort zur Webseite im Browser hinterlegt hat. All der Rest an Webseiten bzw. zugehöriger Cookies, die man nur im Vorbeigehen besucht hat und die einen aber weiter nachverfolgen werden, wird herausgewaschen: also gelöscht. Sind Cookies das Corona-Virus von Webseiten, bei dem ein Cookie-Washer hilft, davon befreit zu bleiben? Statt dass uns jede Webseite zwingt, den Einsatz von Cookies zu genehmigen, könnten Browser nach dieser Blaupause auch verpflichtet werden, Cookie-Washer zu implementieren, die jeden einzelnen Cookie positiv bestätigen bzw. beibehalten lassen, aber alle anderen nach der Sitzung herauswaschen.

Folgende gewollte Daten-Schutz-Angriffe des Chrome Browsers sind mit weiteren Browsern zu vergleichen:

Problem: Installations-ID
- *Chrome:* Eine Kopie von Google Chrome enthält eine generierte Installationsnummer, die an Google gesendet wird, wenn Chrome erstmals installiert und verwendet wird. Die Nummer wird gelöscht, wenn Google Chrome automatisch nach Updates sucht. Wenn Chrome im Rahmen einer Werbekampagne heruntergeladen wird, wird unter Umständen eine eindeutige Werbenummer generiert und an Google gesendet, sobald Google Chrome erstmals verwendet wird.
- *Dooble:* in Dooble nicht vorhanden.
- *Iron:* in Iron nicht vorhanden.

Problem: Cookie-Tracking
- *Chrome:* Cookies nur gesamt löschbar.
- *Dooble:* Cookie-Washer/-Management, einzelne Cookies können definiert und beim Löschvorgang beibehalten werden.
- *Iron:* Cookies nur gesamt löschbar.

Problem: Such-Vorschläge vom zentralen Server

- *Chrome:* Je nach Konfiguration wird jedes Mal, wenn wir etwas in die Adress-zeile tippen, diese Information an Google übermittelt, um Such-Vorschläge anzeigen zu können.
- *Dooble:* in Dooble nicht vorhanden.
- *Iron:* in Iron nicht vorhanden.

Problem: RLZ-Tracking

- *Chrome:* Diese Chrome-Funktion überträgt Informationen in encodierter Form an Google, z.B. wann und wo Chrome heruntergeladen wurde.
- *Dooble:* in Dooble nicht vorhanden.
- *Iron:* in Iron nicht vorhanden.

Problem: URL-Tracker

- *Chrome:* Chrome ruft je nach Konfiguration fünf Sekunden nach Browserstart die Google Homepage im Hintergrund auf.
- *Dooble:* in Dooble nicht vorhanden.
- *Iron:* in Iron nicht vorhanden.

19 # TOR BROWSER: DIE IP-ADRESSE VERSCHLEIERN •

Tor ist ein Netzwerk, dass die IP-Anfragen des eigenen Computers durch viele andere IP-Adressen durchleitet, so dass man mit der IP-Adresse der letzten Station in der Kette schließlich auf eine Webseite zugreift. Wer den Tor-Browser installiert, wird automatisch in diesem Netzwerk durchgeroutet. Wer damit die eigene IP-Adresse beispielsweise auf der Webseite www.whatismyip.com abfragt, stellt fest, dass diese eine andere ist, als die IP-Adresse, die im Router zuhause angezeigt wird (bzw. mit einem Browser ohne Tor auf dieser oben genannten Webseite erscheint).

Je nach Konfiguration des Browsers kann man entweder surfen, oder auch andere Anfragen durch die eigene IP-Adresse zu einer gewünschten Webseite weiterleiten.

Das funktioniert soweit ganz gut, jedoch mehr als den örtlichen Standort kann man damit nicht verschleiern, da Webseiten weiterhin versuchen, Cookies zu setzen, und andere Methoden aus dem JavaScript-Bereich ebenso die Nutzerinnen und Nutzer wiedererkennen können.

Innerhalb des Weiterleitungsnetzwerkes gibt es auch netzinterne Webseiten. Diese werden mit einer .onion-Adresse als Endung gefunden und sind damit ebenso anonym veröffentlicht. Diese Webseiten werden oft als Dark-Net bezeichnet, da sie Foren und Markplätze umfassen, an dem sich der übliche Dreiklang von Miesetäterinnen und Miesetäter sowie Händlerinnen und Händler von Drogen und Waffen treffen soll. Organisationen für Menschenrechte oder für Privatheit wären dort ggf. weniger anzutreffen, so wird berichtet. Insofern ist es richtig, dass hier Analysen und Ermittlungen gefahren werden.

Tor ist auch nicht ganz ohne Kritik, denn es werden immer wieder die staatlichen Finanzierungsquellen genannt, die eine gewisse Abhängigkeit und damit die Überwachungsfunktion einer Honigtopf-Qualität[47] vermuten lassen. Sowie auch das ggf. manchmal unfreundliche Gebahren und die fehlende Teamkompetenz der sog. »Tor-Skripterinnen und Tor-Skripter«[48], die dieses Netzwerk quasi religiös preisen und tragen, wird genannt.

Zugleich ist der Tor-Browser an die - auch wirtschaftliche - Einheit des Browsers (derzeit Firefox) gebunden. Mit dem rein technischen Proxy-Werkzeug von Tor namens Vidalia war es früher hingegen möglich, auch andere Browser zu nutzen.

Tor bleibt für Journalistinnen und Journalisten sowie Soldatinnen und Soldaten im Ausland ein funktionierendes Netzwerk, um besuchte Webseiten und auch Kommunikation darüber vom jeweils lokalen Standort zu trennen. Das Programm JonDo ist eine Alternative zu Tor.

Programme und Messenger, die sich mit der Proxy-Funktion an die LocalHost-Schnittstelle von Tor binden können, können ohne Preisgabe der IP-Adresse bzw. des regionalen Standortes über das Netzwerk kommunizieren. Die Messenger Jami, Spot-On, RetroShare, Smoke und auch der GoldBug Messenger können neben anderen Werkzeugen wie Onionshare ebenso durch das Tor-Netzwerk durchleiten und sich an einen HTTP- bzw. HTTPS-Server (Listener) im Internet anbinden.

Tor ist normalerweise so programmiert, dass der letzte Tor-Knotenpunkt zu einem Webserver verbindet und diese letzte Meile unverschlüsselt ist. Ein sog. »Exit-Knotenpunkt« wird all das sehen, was er im Auftrag entfernter Hops abrufen soll. Daher war es bislang kaum möglich, in der letzten Meile eine verschlüsselte HTTPS Verbindung zum Webserver aufzubauen. Da bei Messengern auch mittels HTTP ohne Verschlüsselung

Cipher-Text übertragen werden kann, und reguläre Webseiten zunehmend nur noch HTTPS-Anfragen zulassen, werden sich die Exit-Knotenpunkte zunehmend auf mehr Verschlüsselung einrichten.

Der GoldBug-Messenger wird heute auch je nach Netzwerk- und Architektur-Design experimentell als Messenger für Tor per Proxy-Anbindung eingesetzt, und gewinnt mit der McEliece-Verschlüsselung gegenüber der Gestaltung einer ursprünglich anderen, nicht mehr weiterentwickelten Prototype eines »Tor-Messengers« an weiterer Zuwachs - neben OnionShare und Briar.

20 # EIN NETZWERK MIT PERSPEKTIVE ZUM SURFEN: HALLO ECHO… •

Tor hat zugleich Alternativen mit Potenzial: Es sind die Netze Echo, I2P und GnuNet mit ihren jeweiligen Architekturen und Spezifika. Die Encryption Suite Spot-On basiert bekanntermaßen ebenso auf dem HTTPS-Protokoll. Dieses verschlüsselt wie gesehen eine Nachricht und sendet es an einen weiteren Kontakt oder Server und so fort. Dieses Prinzip ist mit der Funktionsweise des Tor-Netzwerkes in Parallelen zu vergleichen und hat zugleich besondere Vorteile, die wie gesehen mit dem Begriff des »Beyond Cryptographic Routing« bezeichnet werden. Denn: Routinginformationen werden hier aufgrund der kryptographischen Funktionen nicht benötigt. Das Architektur-Design kann daher als Entwurf für ein Tor-2 bzw. auch aufgrund der File-Sharing-Option als Torrent-2 in Betracht gezogen werden. Kryptographisch ist es zudem weit ausgeprägter als Tor oder Torrent. Dennoch ist Echo nur eine Vorstudie, denn derzeit können in diesem Netzwerk nur Kommunikationsnachrichten und Dateien gesandt werden, eine Proxy-Funktion für Webseiten ist noch in keinem der Klienten implementiert.

Die Tor-Entwicklung kann von dem Echo-Protokoll profitieren bzw. eine Netzwerk-Entwicklung des Echos kann bei Implementierung einer Proxy-Funktion für Webseiten auch eine Hybrid- bzw. Brücken-Funktion zum Tor-Netzwerk berücksichtigen. Dieses (Websurfing via GPG) bleibt jedoch Forschungsbedarf und Gestaltung zukünftiger Generationen von Entwicklerinnen und Entwicklern, die auf Basis eines durchleitenden Netzwerkes ohne Standorterfassung ins World Wide Web gehen möchten.

21 # I2P NETWORK: UNSICHTBAR IM MIX-NETZ •

Neben Tor und Echo besteht weiterhin das I2P-Netzwerk, das für »Invisible-to-Peer« steht, zu Deutsch so viel wie: »Unsichtbar im Netzwerk der Nachbarinnen und Nachbarn«. Es funktioniert als weiteres Mix-Netzwerk ebenso wie Tor, bezieht sich jedoch vorwiegend auf die internen Knotenpunkte, d.h. Webseiten oder Kommunikations-Pakete an Teilnehmerinnen und Teilnehmer im normalen Internet können damit regulär nicht adressiert werden. Das Netz einer Nischengesellschaft. Auch, wenn es jeweils einen Server im Netz gibt, über den auch externe Webseiten bzw. Mailpostfächer abgefragt werden können. Dieses funktioniert ebenso über einen zentralen Knotenpunkt, an dem Administratorinnen und Administratoren alles sehen können, was in diesem Netz so abgerufen wird. Die quell-offene Applikation ist in Java geschrieben und hat jeweils eigene Unter-Applikationen für die verschiedenen Funktionen wie File-Sharing (IMule), Foren oder Nachrichten (I2Bote). Diese Foren können wie in RetroShare als nicht löschbare Ablagepunkte von Cipher-Text genutzt werden: Unsichtbare Treffpunkte von Verschlüsselungs-Text.

22 # KANNSTE UNIX, KANNSTE GNUNET •

Ein viertes Mix-Netzwerk ist GNUnet. Es ist ein langjähriges und grundlegendes Forschungsprojekt, das vorwiegend technisch kompetente Nutzerinnen und -Nutzer aus der Linux- und Kommandozeilen-Gemeinde anspricht. Auch hier können Anwenderinnen und Anwender das Dickicht der Gruppe nutzen, um anonym zu bleiben. Vorwiegend für anonymes, zensur-resistentes Filesharing. Entwickelt wird es an der Fachhochschule Bern. Teilnehmerinnen und Teilnehmer, die zum Netzwerk beitragen, werden mit besseren Dienstleistungen hinsichtlich der Ressourcen belohnt. Alle Daten im GNUnet-Netzwerk werden per Ende-zu-Ende-Verschlüsselung von Absenderin und Absender zu Empfängerin und Empfänger übertragen. Niemand, auch keiner der weiterleitenden Teilnehmerinnen und Teilnehmer, soll die Kommunikation überwachen, stören oder zensieren können. Mit der Friend-to-Friend-Option bietet GNUnet die Funktion, über die IP-Adressen der direkt verbundenen Freundinnen und Freunde sowie wiederum deren Freundinnen und Freunde usw. Informationen und Dateien in einer Kette auszutauschen. GNUnet verbindet sich dann nur mit autorisierten vertrauenswürdigen Knoten (Freundinnen und Freunden), wie bei RetroShare. GNUnet wird daher auch als das Retro-Share der Unix-Gemeinde bezeichnet.

23 # OPENVPN – EIN ETABLIERTER TUNNEL ZUM PEER? ●

Oft soll eine sichere, von Dritten nicht lesbare Datenverbindung über ein unsicheres Netzwerk durchgeführt werden, wie etwa das Internet oder auch ein lokales, nicht verschlüsseltes Wireless LAN. Typische Anwendungsfälle sind die Verbindung einzelner Mitarbeiterinnen und Mitarbeiter im Außendienst in das Netzwerk der Firma, die Verbindung einer Filiale mit dem Rechenzentrum oder die Verbindung örtlich verteilter Chat-Server oder Server von Rechenzentren untereinander.

OpenVPN ist dazu die freie Software zum Aufbau eines solchen Virtuellen Privaten Netzwerkes (VPN) über eine verschlüsselte TLS-Verbindung. Zur Verschlüsselung kann OpenSSL/TLS benutzt werden. OpenVPN verwendet wahlweise UDP oder TCP zum Transport. OpenVPN-Verbindungen können jedoch mittels einer tiefen Inspektion der verschlüsselten Pakete an den bekannten Header-Daten erkannt werden. Mit dieser Erkennung könnte die Verbindung blockiert, die Partnerinnen und Partner der Kommunikation ermittelt und die Daten mitgeschnitten werden.

Alternativ können diese Sicherheitsanforderungen auch durch weitere geeignete Protokolle (z.B. SSH, HTTPS, Steam, SFTP) bereitgestellt werden, wenn in einer entsprechenden Anwendung implementiert. Auch können manche dieser Protokolle durch einen Tunnel der Spot-On-Encryption Suite mit dem McEliece Algorithmus quantum-immun durch zwei Knoten durchgeleitet werden, quasi ein VPN-Tunnel im McEliece-Tunnel. Dann sind die Header-Daten des VPN-Kanals nicht mehr erkennbar. Nach IP-Inspektion und nun Port-Inspektion wird bald Kanal-Inspektion kommen müssen. Die quell-offene Firewall PFSENSE bietet ebenso einen VPN-Server an, mit dem z.B. das Smartphone mit der IP-Adresse des Routers zuhause surfen kann oder einen Mumble-Audiokonferenz- oder Chat-Server durch den VPN-Kanal adressieren kann, ohne dass ein Chat-Server-Port offen liegen muss. Auch die Open-Source-Firewall OPNsense ist eine Alternative mit eigebautem VPN.

Eine schnelle, code-schlanke und moderne VPN-Technik alternativ auf P2P-Basis liefert auch Wireguard. Zur Identifizierung von zwei Rechnern untereinander im Peer-to-Peer-Netzwerk vieler verschiedener Rechner werden lediglich öffentliche kryptographische Schlüssel genutzt. So können beispielsweise fünf Rechner ein P2P-Netz bilden und Rechner zwei und drei akzeptieren den Schlüssel von Rechner fünf und surfen über die IP-Adresse dieses Rechners. F2F-Wireguard kommt als VPN der Proxy-Idee eines vertrauenswürdigen F2F-Tor-Netzes bzw. accountbasierten Echo- oder I2P-Netzes zum remoten Surfen nahe. Professionelle VPN-Anbieter sind: NordVPN, HideMyAss!, Hola VPN, OpenVPN, VyprVPN, ExpressVPN, TorGuard, IPVanish, VPN Unlimited und viele mehr. Das israelische Hola VPN benutzt dabei ebenso Peer-to-Peer-Caching. Zahlende Benutzer können alle Anfragen an Peers umleiten, werden aber selbst nie als Peers verwendet. Die Hola-Anwendung leitet die Anfrage weiter, die Computer und Internetverbindungen anderer Benutzer in freien geospezifischen Bereichen zu durchlaufen. Auch das Tinc-Projekt (http://www.tinc-vpn.org), Freelan (http://www.freelan.org), Ipop (http://ipop-project.org) und Zero Tier (http://www.zerotier.com) verbinden per P2P VPN zu Webseiten.

24 # CHECKPOINT CRYPTPAD •

CryptPad ist ein Kollaborations-Board im Browser, um darin gemeinsam an Texten zu arbeiten, wie es Collabora Office mit Libre-Office in der Cloud, oder Office 365 bei Word-Dokumenten oder Google mit Google-Docs ermöglichen. Der Unterschied: beim CryptPad ist die Verbindung zum Pad verschlüsselt und nur Mitgliedern mit entsprechendem Passwort haben Zugang zu dieser edier- und formatierbaren Text-Höhle. Die Zugangsberechtigung zu edierbaren Texten im Web ist jedoch nur eine Funktion. Weiterhin kann so ein Pad dazu dienen, in der entsprechenden Seite Cipher-Text abzulegen, so dass ihn andere kopieren und in ihrer Maschine wiederum in Klar-Text konvertieren können. Wie gesehen kann so eine Konversion von Klar-Text in Cipher-Text durch weitere Pads erfolgen, wie z.B. das vorgenannte Rosetta Crypto-Pad. Jegliche Internet- oder Forums-Seite, die allen öffentlich - oder auch nur Berechtigten - Zugang bietet, kann genutzt werden, um dort Cipher-Text zu hinterlegen. Vom CryptoPad der Nutzerin oder des Nutzers wandert der Cipher-Text zum CryptPad und wieder zum CryptoPad der Freundin bzw. des Freundes, in dem der Cipher-Text wieder in Klar-Text gewandelt wird. Das CryptPad fungiert dabei als Server oder sog. »Dead-Drop« – als toter Briefkasten, indem die verschlüsselte Nachricht abgelegt wird. Solche edierbaren Seiten sind in zahlreichen Software-Produkten enthalten wie Boards oder Wikis und können auch in bzw. hinter Randomisierungsnetzwerken installiert sein, sodass Austauschpunkte von Cipher-Text nicht öffentlich sind und der Cipher-Text über verschlüsselte Verbindungen abgelegt wird – für den, der dort am Checkpoint CryptPad auf ihn und eine weitere Entschlüsselungsmöglichkeit wartet. Checkpoint Charlie war gestern. Checkpoint CryptPad ist heute der neue Übergangs-Server von Agentinnen und Agenten. Im Übrigen nichts anderes macht jede Wirtschaftsprüfungsgesellschaft, wenn sie Nachrichten und Dateien in einem eigenen abgesicherten Portal für ein zu prüfendes Unternehmen ablegt.

25 # OPENSTEGO
– ICH SEHE NICHTS, WAS DU WOHL SIEHST •

OpenStego ist eine Steganografie-Anwendung, die zwei Funktionen bietet: a) Das Ausblenden von Daten: Sie kann jegliche Daten in einer Deckdatei (z.B. einem Bild) ausblenden. b) Einfügen von unsichtbaren Wasserzeichen: Wasserzeichen werden in Dateien mittels einer unsichtbaren Signatur hinzugefügt. Das kann z.B. verwendet werden, um nicht autorisiertes Kopieren von Dateien zu erkennen oder in einem Bild eine Nachricht zu verstecken. Die Programme OpenPuff oder OutGuess sind entsprechende Alternativen.

Eine Nachrichten-Datei »Liebesbrief.txt« kann damit als Textdatei einfach in ein Bild eingefügt werden. Das Bild wird per E-Mail an die Freundin oder den Freund versendet und dann kann der Text wieder aus dem Bild ausgeleitet werden. Mobile Messenger, die Bilder vor dem Versand verkleinern, können natürlich nicht genutzt werden, da das Bild als Originaldatei erhalten werden muss. Dazu müsste man das Bild zuvor in eine ZIP-Datei verpacken und erst dann senden. Dann wird der Messenger von einer Verkleinerung des Bildes abgehalten. So können Nachrichten einfach über den Austausch von Bildern versandt werden – mit relativ wenig Konvertierungsaufwand. Der Bilder-Versand ist quasi eine Art »Slow-Chat«, wie auch das Kopieren & Einfügen von Cipher-Text über Konversions-Pads in beliebige Kommunikations-Kanäle, öffentliche oder private Foren, oder in Trägermaterialien der Steganographie.

26 # TAILS – AMNESIE AM KIOSK •

Tails - The Amnesic Incognito Live System – (zu Deutsch etwa: Ein Echt-Zeit Betriebssystem mit Vergessens- und Vermummungs-Funktionen) ist eine auf Debian basierende Linux-Distribution. Ihr Ziel ist es, die Privatsphäre und Anonymität von Nutzerinnen und Nutzern zu schützen. Um dies zu erreichen, setzt Tails insbesondere auf die Nutzung des Tor-Netzwerks. Das System kann direkt von einer Live-DVD oder einem USB-Stick gebootet werden und hinterlässt dann keine Spuren auf dem genutzten Computer.

Tails wurde erstmals am 23. Juni 2009 veröffentlicht – damals noch unter dem Namen Amnesia. Der Name geht auf die Amnesia-CD des deutschen Arbeitskreises Vorratsdatenspeicherung zurück, die 2007 erstmals erschien und zahlreiche Programme enthielt zur Erhöhung der Sicherheit und Anonymität im Internet[49].

Amnesie ist ein Begriff für das Vergessen: Amnesie bezeichnet im medizinischen Sinne eine Form der Störung des Gedächtnisses für zeitliche oder inhaltliche Erinnerungen. So ist dieses Betriebssystem als ein sog. »Kiosk-System« ausgelegt, d.h. es behält keine Daten und ist beim Einschalten und Hochfahren jeweils wieder im ursprünglichen Zustand und die vorherige Sitzung hinterließ keine Datenspuren. Der Kiosk öffnet jeden Morgen mit einer frischen, neuen Zeitung. Diese Kiosk-Systeme werden als öffentlicher Zugangspunkt oft in Internet-Cafes eingesetzt. Auch der Web-Browser Dooble funktioniert nach diesem Prinzip, da er jeweils ohne Alt-Daten startet, wenn das Benutzerprofil nicht mit einem Passwort geöffnet wird. Die Knoppix-CD, ebenso ein Linux-Live-Betriebssystem, dass auch als Kiosk mit allen notwendigen Applikationen startet, ist eine Alternative zu Tails, jedoch ohne Anonymisierung der IP-Adresse über Tor. Beide waschen Altdaten bei einem Neustart bzw. beim Herunterfahren des Systems komplett heraus. Der Webbrowser Dooble beispielsweise kann die Daten sicher in einem Container verschlüsselt für die nächste Sitzung bei Passworteingabe wieder erinnern. Hier also nur bedingte Amnesie am Kiosk.

27 # MUMBLE AUDIO SOWIE JITSI, NEXTCLOUD UND BIGBLUEBUTTON VIDEO CHAT ●

Die Verschlüsselung von Sprache oder Videobildern ist grundsätzlich zu sehen wie die Verschlüsselung von Text. Dennoch ist dieser Komfort bei Audio/Video nur über eine größere Datenmenge zu erreichen und muss daher getrennt von Text-Verschlüsselung betrachtet werden. Auch haben Server hier wiederum spezielle Anforderungen und die wenigen, die quelloffen sind, lassen sich an einer Hand aufzählen: Mit dem Programm Mumble kann Sprache verschlüsselt übertragen werden. Mit den Server-Systemen Jitsi, Nextcloud (basierend auf WebRTC und zentralen (einsehbaren) Zertifikaten und Zwischen-Servern) sowie BigBlueButton sind weiterhin auch quell-offene Systeme für Video-Übertagungen gegeben, die derzeit noch nicht Ende-zu-Ende-verschlüsselt sind, aber ggf. daran arbeiten, wie die nicht-quell-offenen Varianten Skype, Teams oder Zoom.

28 # TELEGRAM, THREEMA UND WIRE •

Der Instant-Messaging-Dienst Telegram kann auf Smartphones, Tablets und PCs genutzt werden. Benutzerinnen und Benutzer können neben Textnachrichten auch Sprachnachrichten, Fotos, Videos und Dokumente austauschen, sowie Sprach- und Videotelefonie zu anderen verwenden. Die Chats können Cloud-basierend oder wahlweise als »Geheime Chats« direkt zwischen den Endgeräten geführt werden. Das Impressum des Messengeres und seiner Server eines russischen Gründers ist inzwischen mit Dubai angegeben. Kritisiert wird, dass die Sicherheit von Telegram allein auf Vertrauen in die Betreiber-Firma basiert und dass die Verschlüsselung überhaupt erst einmal eingeschaltet werden muss. Die versendeten und empfangenen Nachrichten werden zudem unverschlüsselt im Speicher des Endgerätes abgelegt. Wird also das Gerät physisch in Besitz gebracht oder ein Trojaner installiert, kann auf diese Nachrichten zugegriffen werden.

Threema ist ein freier Ende-zu-Ende-verschlüsselnder Instant-Messaging-Dienst aus der Schweiz. Sein Klient ist quell-offen, der Server jedoch nicht. Die Software ist auf Datenschutz und Datenvermeidung ausgelegt und erfordert im Gegensatz zu den meisten Marktbegleitern für die Nutzung weder eine Telefonnummer noch sonstige personenbezogenen Angaben. Alle Nachrichten werden ausschließlich Ende-zu-Ende-verschlüsselt verschickt. Bei Gruppenchats wird die Nachricht für jeden Empfänger separat verschlüsselt und einzeln zugestellt. Die Threema-Server können dadurch weder nachvollziehen, welche Gruppen es gibt, noch wer Mitglied in einer Gruppe ist. Medien werden dagegen verschlüsselt einmalig auf die Threema-Server hochgeladen und dann erst der symmetrische Schlüssel dazu verteilt. Der Name Threema ist vom Akronym EEEMA, kurz für End-to-End-Encrypting Messaging Application, abgeleitet, wobei die drei E durch den Begriff Three (Englisch für drei) ersetzt wurden.

Wire (Engl. für Kabel) ist ein Instant Messenger für Smartphones und Tablets sowie Linux-, Windows-, und MacOS-Computer. Über die Schnittstelle WebRTC sind Anrufe zu und von üblichen Webbrowsern möglich. Für die Registrierung zur Nutzung ist keine Telefonnummer erforderlich, der Nutzer kann sich auch mit einer E-Mail Adresse anmelden. Alle Kommunikationsinhalte auf Wire sind ebenso Ende-zu-Ende verschlüsselt. Inzwischen sei Wire laut Herstellerangaben vollständig quell-offen (Client und Server): Der Betrieb eines eigenen Servers sei möglich. Der Code ist jedoch nur für eine Amazon-Web-Services-(AWS)-Installation verfügbar. Insofern bestehen Kompilierungs-Hürden, einen eigenen Server selbst zuhause zu kompilieren und zu installieren. Dieses ist ggf. erforderlich, da Unternehmen für den Dienst bezahlen sollen, frei ist der Chat-Klient nur für Privatanwender.

Ähnliches gilt für den Anbieter SureSpot, dessen Server in der Universitätsstadt Boulder in Colorado, USA, nicht quell-offen ist. Boulder ist zugleich auch die Stadt mit einer Zweigstelle des amerikanischen »National Institute of Standards and Technology« (NIST), das sämtliche kryptographische Verfahren zertifiziert. Es kann nur spekuliert werden, ob eine Software-Entwicklerin der NIST diesen Server zur Verfügung stellt. Ob dieser nicht quell-offene Server in Boulder kurz vorm Grand Canyon idealer für die eigene verschlüsselte Post ist als ein Server in vorgeblich Dubai oder bei den Amazon Webservices?

Insofern kann man diese Anbieter zusammen fassen unter den Aspekten von größerer Popularität, aber eines Servers, der nicht für alle quell-offen bzw. für eine Installation zuhause vorgehalten wird.

29 # MASTODON'S DEZENTRALES CHAT-SERVERNETZ ●

Während Nachrichten auf Papier sich gewandelt haben zu elektronischen Nachrichten, wandeln sich auch die elektronischen Distributions-Kanäle. Früher wurden Nachrichten auf Webseiten zum Abholen bereitgestellt, oder durch fachbezogene Mailinglisten oder RSS-Feeds liefernd zur Verfügung gestellt. Heute hat jeder die Möglichkeit, selbst Nachrichten zu verfassen und sie einer breiten Öffentlichkeit liefern zu lassen. Der Kurz-Nachrichtendienst Twitter ist zur Nachrichten-Form par excellence geworden. Auch, wenn darüber nur die URLs zu Nachrichten gesandt und diskutiert werden.

Eine dezentrale Alternative dazu ist der Nachrichtendienst Mastodon: Mastodon ist ein Mikroblogging-Dienst, der seit einigen Jahren von einem deutschen Programmierer aus Jena erstellt wird. Jede und Jeder kann einen eigenen Server aufsetzen und der Server-Community beitreten. Im Gegensatz zu großen vergleichbaren Plattformen wie Twitter ist Mastodon also als dezentrales Netzwerk konzipiert: Der Dienst basiert dadurch nicht auf einer zentralen Plattform, sondern besteht aus vielen verschiedenen Server-Instanzen, die von Privatpersonen, Vereinen oder sonstigen Stellen eigenverantwortlich betrieben werden. Die Server kommunizieren untereinander verschlüsselt und auch zahlreiche Nutzerinnen und Nutzer senden nur Cipher-Text über die Kanäle dieser privaten Telekommunikations-einrichtungen mit dennoch großer Öffentlichkeit.

30 # STAATSFEINDE NR. 1: BARGELD UND MIKROPHON-FREIE RÄUME VERHINDERN GLÄSERNE MENSCHEN ●

Mikrophone-freie Räume sowie Bargeld können als die Staatsfeinde Nr. 1 gelten. Die Kontrolle der Bürgerinnen und Bürger wird dadurch erschwert und beide Mittel befinden sich in gegenteiliger Entwicklung: Bargeld soll durch bequeme elektronische Zahlungen abgeschafft werden und die Lebens-Räume mit Mikrophonen sollen erhöht werden, um die Menschen besser kontrollieren zu können.

Jedes am Internet befindliche Auto hat Mikrophone integriert. Selbst in der Arbeitswelt hat, wie jüngst von bekannten Online-Versendern berichtet wurde, jeder Paket-Scanner ein Mikrophon, um Gespräche der Beschäftigten abhören zu können – nichts Ungewöhnliches, denn Zuhause sind die sprachgesteuerten Geräte bereits vorhanden. Auch jedes Mittelkasse Smartphone hat schon mehr als eine Handvoll an hochsensitiven Feld-Mikrophonen verbaut, die bis ins nächste Zimmer lauschen können.

Die Freiheit, mit Bargeld bezahlen zu können, ist ein Mittel, das der kryptographischen Schwester - der Steganographie - zugeordnet werden kann. Die derzeit entstehenden digitalen Geldwährungen von BitCoin angefangen über weitere Marken anderer Anbieter wie sie auch vom Konzern Facebook und selbst einigen Geldinstituten angeboten werden, werden in der Menschheitsgeschichte hinsichtlich Privatheit nicht nur gravierende Veränderungen mit epochalem Character erzeugen wie die Ausstattung der Lebens-Räume der Bevölkerung mit Mikrophonen, sondern allein schon die Ausweitung der elektronischen Zahlungsvorgänge mit der üblichen, uns bekannten Währung trägt dazu bei. Das Ziel (insbesondere dessen Forcierung in Zeiten der Corona-Pandemie), Zahlungen kontakt- und bargeldlos über das Smartphone oder die Smart-Uhr an einem Terminal vorzunehmen, ist nicht nur bequem, sondern auch eine große Gefahr und Beraubung von Freiheit und Privatheit des 21. Jahrhunderts, die von vielen Befürworterinnen und Befürwortern einer notwendigen Digitalisierung in ihrer gesellschaftlichen Auswirkung noch gar nicht vollumfänglich abgeschätzt wird.

Denn: Hier ist der Weg genau andersherum. Bürgerinnen und Bürger haben derzeit die Standardeinstellung mit Bargeld »Cash auf Kralle« zahlen zu können und begeben sich mit elektronischen Zahlungen in eine Aufgabe von Privatheit, und damit in die Abhängigkeit einer dauerhaften

Kontrolle von Zahlungsdaten und deren Inhalten des Konsums, aus der sie nicht mehr herauskommen, wenn das Bargeld bis zu seiner Abschaffung zurückgedrängt ist. Es geht hier nicht um die Zahlung größerer Beträge wie sie ab dem Kauf eines Gebrauchtwagens entstehen, die zurecht im Sinne der Unterbindung von Geldwäsche zu kontrollieren sind. Es geht vielmehr um die Einkäufe des Lebensbedarfs ohne Bargeld an vielen Stationen des Tages - denn dort wird jedes menschliche Bedürfnis elektronisch registriert und auswertbar.

Unbeobachtet mit Bargeld zu bezahlen, befreit nicht nur von einer Personendatenspeicherung, einer Standortüberwachung, Bedürfnisüberwachung und der Überwachung des Menschen insgesamt. Sondern der Verzicht auf elektronische Zahlungsvorgänge ist zugleich auch der beste Standard zum Schutz der privaten Bedürfnisse, da der Verzicht über diese quasi Steganographie die Existenz eines Klar-Vorgangs abstreitet: Niemand muss wissen, wie viele Produkte wann und wo für welche Bedürfnisse gekauft wurden. Gleiches gilt für Cashback-Karten, die Einkäufe elektronisch erfassen und wenige Rabattpunkte für die Aufgabe dieser Freiheit versprechen und gläserne Konsumentinnen und Konsumenten hervorbringen.

Nur Bargeld, auf dass unsere Zähne beißen kann, sei dieser Auffassung nach zudem sicher geschützt vor einem »Durchstreichen« dieser rechnerischen Größe im Konto. Denn: Digitales Geld gehört dem Menschen genau genommen nicht, sondern die Bank besitzt es. Das ist mit Geldscheinen oder Gold, das wir in den Sparstrumpf oder unter das Kopfkissen legen können, anders. Digitale Währung kommt den geliehenen staatlichen Schlüssel wie oben angesprochen gleich: Bei elektronischen Zahlungsvorgängen und virtuellem Geld ist des Menschen Existenz an einem Tropf. Auch diese Entwicklung bei der Digitalisierung der Zahlungsvorgänge im Einkaufsmarkt gilt es zu beachten, wenn es um die Zukunft der Freiheit und Privatheit der Menschen geht: Bargeld ist Freiheit, die wir derzeit zu wenig reflektieren und schätzen? »Zahlt öfters mit Bargeld und geht einmal im Monat zur Bank, um Euch mit Geldscheinen auszurüsten«, rief ein Twitter-Nutzer ›Crashflow‹ im Rahmen dieser steganographischen Diskussion auf. Elektronische Zahlungen mit ›Pin & Plastik-Geld‹ seien nicht konform mit einer »No-Plain-Text-Strategie«, die gleich noch erläutert wird.

AUSBLICK: CRYPTOGRAPHISCHE CAFETERIA •

Die »Cryptographische Cafeteria« ist ein didaktisches Spiel für Lehrerinnen und Lehrer bzw. Schülerinnen und Schüler, das von *Linda A. Bertram* im Lexikon zur Internetsicherheit und Verschlüsselung »Nomenclatura« vorgestellt wurde. Danach ist per Zufallsverfahren oder durch einfaches Blättern in dem Lexikon ein Begriff daraus seitens einer Gruppe von Schülerinnen und Schülern in einem Referat zu erläutern und zu präsentieren. Die Referat-Teams können ihre Begriffe ähnlich der Auswahl von Snacks in einer Cafeteria auch untereinander nach einem festgelegten Algorithmus verhandelnd tauschen.

Dieses lässt sich auch im Informatik-Unterricht von Schulen anwenden und auch anpassen auf ein Analysieren und Vorstellen der über zwei Dutzend hier beispielhaft vorgestellten Programme und Werkzeuge zur Verschlüsselung. Jeweils mit dem inhaltlichen Fokus von WHAT-HOW-WHY: Für welchen Zweck wird das Programm eingesetzt? Wie bzw. mit welchen kryptographischen Funktionen erhöht dieses Werkzeug oder Programm die Sicherheit im Internet? Und welchen Mehrwert bringt es welchen Nutzerinnen und Nutzern im Vergleich zu einem anderen Programm? Warum sollte es im Rahmen einer No-Plain-Text-Strategie eingesetzt werden?

Lernende lernen nicht nur die theoretischen Hintergründe, sondern auch ganz konkret den Umgang mit dem Computer und seinen verschlüsselnden Programmen kennen und erhalten Einblick zu den Prozeduren, wie Schlüssel-Austausche oder eben die Nicht-Übertragungen von Schlüsseln funktionieren.

Gleichwohl erfordert es, das Lernen in den Fächer »Angewandte Kryptographie« und »Architektur, Entwicklung und Anwendung von Software-Applikationen« in der Ausbildung von Lehrerinnen und Lehrern für naturwissenschaftliche Fächer und Informatik in der Schule stärker zu berücksichtigen, und diese digitalen Werkzeuge ebenso an den Hochschulen und Universitäten sowie berufsbegleitend zu erlernen.

Um Wissen, Kompetenzen und Erfahrung im Bereich der Informationstechnologie und Kryptographie ebenso leicht zu verbreiten wie das Wissen rund ums Kinderkriegen, bedarf es aktueller Arbeitsmaterialien, Bücher und Laptops – sowie entsprechende Multiplikatorinnen und Multiplikatoren, die Kolleginnen und Kollegen sowie Schülerinnen und Schülern eine solche Leseunterlage mal mit in die »Cafeteria« oder ihr Zimmer bringen bzw. anderen ausleihen. Oder auch im virtuellen Hybrid-Unterricht zwischen Tafel und Tablett vorstellen.

In diesem Sinne: Eine Software-Applikation nicht nur testen, sondern auch anderen vorstellen oder gar selbst kompilieren und weiter entwickeln!

ABBILDUNGSVERZEICHNIS ●

Bildnachweise: Siehe Endnoten.

Das Cover-Bild wurde basierend auf ausgewählten Stichworten aus dem Stichwortverzeichnis des vorliegenden Bandes durch künstliche Intelligenz hergestellt - Dall-e 3 - und manuell nach-ediert.

GLOSSAR •

- **Adaptive Echo (AE):** AE ist eine spezifische Form des verschlüsselnden Echos. Das adaptive Echo sendet nicht im Sinne des normalen Echo-Protokolls ein verschlüsseltes Nachrichtenpaket an jeden verbundenen Nachbar-Knoten, sondern für die Übergabe einer Nachricht wird ein kryptographischer Token (eine Zeichenkette) benötigt. Für diesen adaptiven Modus wird das Protokoll so mit Routing-Informationen ausgestattet. Nur Netzwerk-Knoten, bei denen ein derart bestimmter kryptographischer Token bekannt ist, erhalten die Nachricht zugeleitet.
- **AES:** Der Advanced Encryption Standard (AES) ist eine Spezifikation für die Verschlüsselung elektronischer Daten, die 2001 vom US-amerikanischen Nationalen Institut für Standards und Technologie (NIST) festgelegt wurde.
- **Algorithmus:** In der Mathematik und Informatik ist ein Algorithmus ein in sich geschlossener Schritt-für-Schritt-Satz von Operationen, die ausgeführt werden müssen. Es gibt Algorithmen, die Berechnungen, Datenverarbeitung und automatisierte Prozesse durchführen.
- **Asymmetrische Encryption:** Das »asymmetrische Kryptosystem« oder Kryptosystem mit »Public-Key-Infrastructure« (PKI) ist ein kryptographisches Verfahren, bei dem im Gegensatz zu einem symmetrischen Kryptosystem die kommunizierenden Parteien keinen gemeinsamen geheimen Schlüssel zu kennen brauchen. Jeder Benutzer erzeugt sein eigenes Schlüsselpaar, das aus einem privaten Schlüssel (geheimzuhaltender Teil) und einem öffentlichen Schlüssel (nicht geheimer Teil) besteht. Der öffentliche Schlüssel ermöglicht es allen, Daten für die Besitzerin bzw. den Besitzer des privaten Schlüssels zu verschlüsseln, die digitale Signaturen zu prüfen oder den Schlüssel zu authentifizieren. Der private Schlüssel ermöglicht es, mit dem eigenen öffentlichen Schlüssel verschlüsselte Daten zu entschlüsseln, digitale Signaturen zu erzeugen oder sich zu authentisieren.
- **Asymmetrisches Calling:** Cryptographisches Calling ist die sofortige Übertragung von Informationen zur Ende-zu-Ende-Verschlüsselung zur Sicherung eines Kommunikationskanals. Cryptographisches Calling wurde vom Softwareprojekt Spot-On ausgearbeitet. Asymmetrisches Calling ist ein Modus für kryptographisches Calling, bei dem temporäre asymmetrische Schlüssel für die Ende-zu-Ende-Verschlüsselung gesendet werden. Es bezieht sich auf das Senden eines asymmetrischen Schlüssels über einen gesicherten Kanal. Der Anruf mit asymmetrischen Informationen zur Verschlüsselung bezieht sich auf kurzlebige asymmetrische Schlüssel, die für die Zeit des »Anrufs« verwendet werden. Dies kann eine Sitzung oder sogar ein kürzerer Teil der Sitzung sein. Das hängt davon ab, wann eine Kommunikationspartnerin bzw. ein Kommunikations-

partner einen weiteren Anruf einleitet. Die asymmetrischen kurzlebigen Informationen für den Anruf sollten über eine sichere Verbindung, die entweder ein (dauerhafter) symmetrischer Schlüssel ist, über einen a-symmetrischen Schlüssel (PKI) oder über eine aktuell bereits vorhandene Kanal-Verbindung, in diesem Fall einen kurzlebigen asymmetrischen temporären Schlüssel, übertragen werden.

- **AutoCrypt:** AutoCrypt ist die Funktion eines automatischen Schlüsselaustausches. Dieser wurde ursprünglich vom Spot-on-Projekt angewandt und bezieht sich auf die Definitionen eines REPLEO- und des EPKS-Protokolls. Ein REPLEO ist eine Methode, um den eigenen öffentlichen Schlüssel vor dem Versand mit dem empfangenen öffentlichen Schlüssel eines Freundes zu verschlüsseln. Dadurch wird der eigene öffentliche Schlüssel mithilfe der Verschlüsselungsmethode vor der Öffentlichkeit gesichert. Das EPKS-Protokoll ist das Echo Public Key Sharing-Protokoll, mit dem der eigene Schlüssel über eine vorhandene verschlüsselte Verbindung automatisiert an eine oder mehrere Personen gesendet werden kann. Das EPKS-Protokoll wurde im Spot-On-Projekt und im GoldBug-Projekt implementiert und von anderen Projekten auf automatisierte Weise für eine E-Mail-Antwort ebenso einbezogen. Das bedeutet, dass zwei Benutzer desselben E-Mail-Clients den öffentlichen Verschlüsselungsschlüssel austauschen und ab diesem Zeitpunkt für die gesamte weitere Kommunikation gesichert sind. Das EPKS-Protokoll sieht dies viele Jahre vor der Veröffentlichung des Begriffs AutoCrypt vor. Weitere Projekte haben diese Innovation ebenfalls unter dem Namen KeySync kopiert. Der neue Prozess besteht darin, dass der Schlüssel nicht auf einem Schlüsselserver gespeichert und durchsucht wird, sondern in einem sicheren Kanal von Knoten zu Knoten gesendet wird, entweder durch manuelles Versenden oder durch einen automatisierten Austausch von zwei Knoten, z.B. eines E-Mail-Klienten wie Delta-Chat oder Spot-On-Klienten über das EPKS-Protokoll.
- **Big Seven Study:** Bekannte Studie aus dem Jahr 2016 zum Vergleich von quelloffenen Messengern mit Verschlüsselung.
- **Bouncycastle:** Bouncy Castle Crypto Bibliothek ist eine Sammlung quelloffener kryptographischer Programmierschnittstellen (API) für die Programmiersprachen Java und C#. Sie werden von der in Australien ansässigen Legion of the Bouncy Castle Inc. betreut.
- **C/O (Care-of)-Funktion:** »C/O«, wird verwendet, um einen Brief zu adressieren, wenn der Brief einen Vermittler oder Postfach durchlaufen muss: Nachbarn werden oft gebeten, sich um Postbriefe zu kümmern. Die E-Mail-Funktion des verschlüsselnden P2P-E-Mail-Programms Spot-On bildet eine solche Funktion digital ab.
- **Cipher:** Mit einem Verschlüsselungsverfahren - mit einer Cipher oder einem Algorithmus - kann ein Klar-Text in einen Geheimtext (Cipher-Text) umgewan-

delt werden (Verschlüsselung) und umgekehrt der Geheim-Text wieder in den Klar-Text rückgewandelt werden (Entschlüsselung). Oft wird hierbei ein Schlüssel benutzt. Das heute in der digitalen Kommunikation als besonders zukunftssicher eingeschätzte Verfahren beruht auf dem McEliece-Algorithmus.

- **Cipher-Text:** Cipher-Text (auch Geheim-Text, Chiffrat, Chiffre, Chiffretext, Chi-Text, Kryptogramm, Kryptotext, oder Schlüsseltext) wird in der Kryptographie ein Text oder eine Datenmenge genannt, die durch Verschlüsselung mithilfe eines kryptographischen Verfahrens (per Hand oder maschinell) unter Verwendung eines Schlüssels derart verändert wurde, dass es ohne weiteres nicht mehr möglich ist, seinen Inhalt zu verstehen. Mithilfe eines geheimen bzw. privaten Schlüssels kann der Cipher-Text wieder in den ursprünglichen Klar-Text zurückgewandelt werden.

- **Cryptographic Discovery:** Cryptographic Discovery beschreibt die Methode eines Echo-Protokolls zum Auffinden von Knoten in einem Echo-Netzwerk. Peers kennen andere Peers und ihre kryptografischen Identitäten basierend auf einer kryptografischen Entdeckung innerhalb des Netzwerks. Knoten informieren andere Knoten über ihre Nachbarn, damit sie adressiert werden können.

- **Cryptographisches Calling:** Cryptographisches Calling (Deutsch: verschlüsseltes Anrufen) ist eine Möglichkeit, Ende-zu-Ende-Anmeldeinformationen über eine sichere Verbindung bereitzustellen. Der neue temporäre Schlüssel kann asymmetrisch (PKI) oder symmetrisch sein. Die Idee ist, die Ende-zu-Ende-Verschlüsselung so einfach wie das Anrufen eines Gegenübers über ein Telefon zu machen, indem temporäre Schlüssel einer Verschlüsselung sofort erneuert werden können und der »Anruf« den sichern vorherigen Kanal beendet und sofort einen neuen mit anderen Verschlüsselungswerten aufbaut. Es gibt verschiedene Methoden des Cryptographischen Callings: beispielsweise asymmetrisches Calling, Forward Secrecy Calling, symmetrisches Calling, SMP-Calling and 2-Way-Calling, etc. Es ist auch möglich, das Ende-zu-Ende-verschlüsselte Passwort manuell zu definieren (manuell definiertes Calling).

- **CryptoPad:** Ein Cryptopad ist ein Werkzeug zum Konvertieren von Klar-Text in Cipher-Text. Als Beispiel kann das Rosetta Crypto Pad genannt werden: Das Rosetta CryptoPad verwendet asymmetrische Schlüssel, basiert also auf PKI und beide Parteien müssen den öffentlichen Schlüssel tauschen. Sodann kann mittels der Funktion Kopieren und Einfügen der jeweilige Text nach Konversion in andere Applikationen eingefügt werden.

- **Crypto-Party:** Eine Crypto-Party bezeichnet ein Treffen von Menschen mit dem Ziel, sich gegenseitig grundlegende Verschlüsselungs- und Verschleierungstechniken beizubringen.

- **Customer Supplied Encryption Keys (#CECS):** Steht ausgeschrieben für: Customer Supplied Encryption Keys, im Deutschen etwa: Schlüssel, die durch Nutzerinnen und Nutzer mitgebracht werden.
- **Demokratisierung von Verschlüsselung:** bezeichnet den Prozess, dass Verschlüsselungstechnologien heute zunehmend quell-offen sind und damit allen Bürgerinnen und Bürgern zur Verfügung stehen.
- **Distributed Hash Table:** Eine verteilte Hashtabelle (englisch: Distributed Hash Table, DHT) ist eine Datenstruktur, die Daten in einem Netzwerk möglichst gleichmäßig über die vorhandenen Speicherknoten verteilt. Jeder Speicherknoten entspricht dabei einem Eintrag in der Hashtabelle. So kann er von jedem anderen Knotenpunkt aufgefunden werden.
- **Echo-Protokoll:** Das Echo-Protokoll wurde durch die Applikation Spot-On eingeführt. Das Echo basiert auf der elementaren Grundlage, dass Informationen über mehrfache oder einfache Passagen transportiert werden und deren Kanal-Endpunkte erhaltene Daten evaluieren. Das Echo kombiniert Verschlüsselung mit der Graphen-Theorie. Folgende Charakterisierungen sind grundlegend: erstens wird im Echo jede Nachricht, verschlüsselt und zweitens, wird in einem Echo-Netzwerk jede Nachricht an jeden verbundenen Nachbarn weitergeleitet. Um redundante Daten zu filtern, haben die Applikationen einen eigenen Algorithmus für Congestion Control implementiert. Als Drittes Kriterium kann hinzugefügt werden, dass eine Nachrichtenpaket über keine Absender- oder Zielinformation verfügt, sondern über den Echo-Match überprüft, dass ein richtiger Schlüssel zur Entschlüsselung angewandt wurde. Verschiedene Betriebsmodi wie Volles oder Halbes Echo sind bekannt. Das Echo-Protokoll basiert auf HTTPS und sendet ausschließlich verschlüsselte Nachrichten auf Basis der Spezifikationen für das Echo. Ein Echo-Netzwerk ist dementsprechend ein Netzwerk basierend auf Echo-Knotenpunkten (Server und Klienten), die über das Echo-Protokoll (HTTPS) kommunizieren.
- **Echo-Match:** Das Echo-Match ist ein spezifischer kryptographischer Prozess, um den mitgelieferten Hash einer Klar-Text-Nachricht mit dem Hash einer Konversion eines Cipher-Textes zu vergleichen. Wenn beide Hashes denselben Wert haben, dann wurde der richtige Schlüssel angewandt. Da der Hash nicht invertiert werden kann, gibt er keinerlei Informationen über die verschlüsselte Nachricht. Der Prozess sieht vor, dass alle bekannten Schlüssel für die Konversion einer Nachricht eingesetzt werden.
- **Ende-zu-Ende:** Unter Ende-zu-Ende-Verschlüsselung (englisch »end-to-end encryption«, »E2EE«) versteht man die Verschlüsselung übertragener Daten über alle Übertragungsstationen hinweg. Nur beide Parteien (die jeweiligen Endpunkte der Kommunikation) können die Nachricht entschlüsseln.

- **Ephemere Schlüssel:** Ephemere (auch: ephemerale) Schlüssel sind vorübergehend verwendete Schlüssel zur Verschlüsselung. Diese temporären Schlüssel sind abstreitbarer als permanente Schlüssel.
- **EPKS (Echo Public Key Share):** Echo Public Key Share (EPKS) ist eine Methode, um Schlüssel über sichere Online-Kanäle mit anderen zu teilen.
- **Exponentielle Verschlüsselung** (Exponential Encryption): Exponentielle Verschlüsselung ist ein Begriff, der durch die Autoren Mele Gasakis und Max Schmidt in ihrem Buch zur Neuen Era der Exponentiellen Verschlüsselung (»The New Era of Exponential Encryption«) geprägt wurde. In einer Netzwerk-Gestaltung, in der jede verschlüsselte Nachricht an jeden verbundenen Knotenpunkt gesandt wird, wird mit dem Bild eines Reiskorns vergleichen, dass - einer bekannten Geschichte nach - auf jedem Feld eines Schachbretts verdoppelt wird. Verschlüsselte Nachrichtenkapseln werden so exponentiell an alle anderen, verbundenen Knotenpunkte weitergeleitet. Es betrifft Graphen-Theorie in Verbindung mit Verschlüsselung.
- **Fiasko Schlüssel:** Fiasco Keys sind temporäre Schlüssel, die zuerst in der Applikation des Smoke Messenger eingeführt wurden. Diese Schüssel bestehen aus einer Handvoll an temporären Schlüssel für eine Ende-zu-Ende-Verschlüsselung. Statt eines Schlüssels pro Sitzung oder Nachricht, werden mehrere Schlüssel pro Nachricht gesandt, von denen nur einer gültig ist. Dieses ist eine mehr volatile Gestaltung, die die Sicherheit erhöht.
- **Forward Secrecy:** Perfect Forward Secrecy (PFS), auf Deutsch etwa perfekte vorwärts gerichtete Geheimhaltung, ist in der Kryptographie eine Eigenschaft bestimmter Schlüsselaustauschprotokolle mit dem Ziel, einen gemeinsamen Sitzungsschlüssel so zwischen den Kommunikationspartnern zu vereinbaren, dass dieser von einem Dritten auch dann nicht rekonstruiert werden kann, wenn einer der beiden Langzeitschlüssel später einmal kompromittiert werden sollte. Damit kann eine aufgezeichnete verschlüsselte Kommunikation auch bei Kenntnis des Langzeitschlüssels nicht nachträglich entschlüsselt werden. Gelegentlich wird diese Eigenschaft auch unter dem Schlagwort Folgenlosigkeit behandelt.
- **Friend-to-Friend (F2F):** Ein Friend-to-Friend-Rechnernetz (F2F-Netz) ist ein spezielles Peer-to-Peer-Netz, in welchem man nur mit Freunden, d.h. mit bekannten, vertrauenswürdigen Benutzerinnen und Benutzern, in Verbindung treten kann. Eine Verbindung zu öffentlich erreichbaren Kontenunkten ist ausgeschlossen. Die Authentifizierung erfolgt hierbei durch Passwörter bzw. digitale Signaturen.
- **GnuPG:** GNU Privacy Guard (englisch für GNU-Privatsphärenschutz), abgekürzt GnuPG oder GPG, ist ein freies Kryptographiesystem. Es dient zum Ver- und Entschlüsseln von Daten sowie zum Erzeugen und Prüfen elektronischer Signa-

turen. Das Programm implementiert den OpenPGP-Standard nach RFC 4880 als quell-offener Ersatz für PGP.

- **GoldBug (Anwendung):** Der GoldBug Messenger und E-Mail-Klient ist eine Benutzeroberfläche, die für den Kernel und das Verschlüsselungsprogramm Spot-On eine Alternative zur ursprünglich angebotenen Benutzeroberfläche bietet. GoldBug hat eine vereinfachte graphische Benutzeroberfläche (GUI), die nicht nur auf dem Desktop verwendet, sondern grundsätzlich auch für mobile Geräte bereitgestellt werden kann.

- **GoldBug (E-Mail-Passwort):** Die GoldBug-Funktion fügt bei einem E-Mail ein Passwort einer symmetrischen Verschlüsselung (AES) hinzu. Es ist eine zusätzliche Verschlüsselung in gleichnamiger Software, so dass das E-Mail nur gelesen werden kann, wenn beide Seiten das Passwort für diese E-Mail eingeben.

- **Graphen-Theorie:** Ein Graph ist in der Graphen-Theorie eine abstrakte Struktur, die eine Menge von Objekten zusammen mit den zwischen diesen Objekten bestehenden Verbindungen repräsentiert. Anschauliche Beispiele für Graphen sind ein Stammbaum oder ein U-Bahn-Netz.

- **Hash:** Eine Hash-Funktion (auch Streuwertfunktion) ist eine Abbildung, die eine große Eingabemenge (z.B. Texte oder Schlüssel) auf eine kleinere Zielmenge (die Hash-Werte) abbildet. Eine Hash-Funktion ist daher im Allgemeinen nicht wieder umkehrbar. Die Eingabemenge kann Elemente unterschiedlicher Längen enthalten, die Elemente der Zielmenge haben dagegen meist eine feste Länge.

- **HTTPS:** Hypertext Transfer Protocol Secure (HTTPS, englisch für »sicheres Hypertext-Übertragungsprotokoll«) ist ein Kommunikationsprotokoll im World Wide Web, mit dem Daten abhörsicher übertragen werden können. Es stellt eine Transportverschlüsselung dar.

- **Impersonator-Funktion:** Eine Impersonator-Funktion übersendet von Zeit zu Zeit zwischen zwei verschlüsselt kommunizierenden Chat-Klienten Nachrichten, die nur zufällige Worte bzw. Zeichen enthalten. Mit dieser Methode wird es Angreiferinnen und Angreifern schwieriger gemacht, echte und falsche Kommunikation auseinanderzuhalten.

- **Instant Perfect Forward Secrecy (IPFS):** Während Perfect Forward Secrecy, oftmals auch nur Forward Secrecy genannt, in vielen Applikationen und auch vom theoretischen Konzept her die Übersendung von temporären Schlüsseln bezeichnet, ist es implizit damit verbunden, dass dieses einmal pro Sitzung erfolgt. Mit IPFS ist ein neues Paradigma geschaffen worden, mit der diese Schlüssel jederzeit instant (also auch mehrmals pro Sitzung) übertragen werden können. (Perfect) Forward Secrecy hat sich weiter entwickelt zu Instant Perfect Forward Secrecy (IPFS).

- **Institution:** Eine Institution ist in der Kryptographie eine E-Mail-Postbox, um Nachrichten für Offline-Freunde in einem p2p-Netzwerk zu speichern. Die Institution basiert auf kryptographischen Vertraulichkeiten (Credentials), um Nachrichten für Offline-Teilnehmerinnen und -Teilnehmer in einen p2p Echo-Netzwerk zu speichern.

- **Juggerknaut Schlüssel:** Juggerknaut Schlüssel werden mittels des (J-)PAKE Protokolls abgeleitet auf beiden Chat-Seiten nach Eingabe eines geheimen Passwortes und müssen daher nicht über das Internet übertragen werden. Sie begründen neben weiteren Methoden wie den Secret Streams Schlüsseln (die über das SMP-Protokoll gebildet werden) eine Derivative (Schlüssel ableitende) Kryptographie.

- **Klientenseitige Verschlüsselung:** Die klientenseitige Verschlüsselung ist die kryptographische Technik zum Verschlüsseln von Daten auf dem (vertrauenswürdigen und ggf. besonders abgesicherten) Gerät der Nutzerin bzw. des Nutzers, bevor der Cipher-Text an einen Server in einem Computernetzwerk übertragen wird.

- **Kryptogramm:** Ein Kryptogramm bezeichnete früher einen Geheimtext. Heutzutage bezeichnet ein Kryptogramm ein mathematisches Rätsel: Es ist eine mathematische Gleichung oder ein Gleichungssystem unbekannter Zahlen, deren Ziffern durch Buchstaben ersetzt wurden. Das Ziel ist es, den Wert jeden Buchstabens zu finden.

- **Kryptographie:** Kryptographie befasst sich mit der Verschlüsselung von Informationen. Heute bezieht sie sich auch allgemein auf das Thema Informationssicherheit, insbesondere für das Internet (Cybersicherheit).

- **Kryptographisches Routing:** Kryptografisches Routing ist ein Begriff, der als Antagonismus zur Beschreibung der Funktionsweise des Echo-Protokolls verwendet wird, da dies über das Routing hinausgeht (Englisch: Beyond Cryptographic Routing). Echo bedeutet schlicht, eine adresslose Nachricht weiterzuleiten. Innerhalb dieses Protokolls ist also keine Routing-Information angegeben. Ein kryptografisches Routing würde vorliegen, wenn ein Knoten einen bestimmten kryptografisches Token als Kennung hätte. (Dieses ist beim Adaptiven Echo (AE) der Fall: Hier kann teilweise von kryptografischem Routing gesprochen werden, da eine Zieladresse angegeben werden könnte).

- **Kryptologie:** Die Kryptologie ist die Wissenschaft im Bereich der Kryptographie, die sich mit der Verschlüsselung und Entschlüsselung von Informationen und somit mit der Informationssicherheit beschäftigt.

- **Libgcrypt:** Libgcrypt ist eine Kryptographie-Bibliothek, die als separates Modul von GnuPG entwickelt wurde. Es kann auch unabhängig von GnuPG verwendet werden. Es bietet Funktionen für alle grundlegenden kryptographischen Bausteine.

- **Listener:** Listener kommt aus dem Englischen und bedeutet Empfänger, Hörer, Rundfunkhörer, Zuhörer. Der Begriff wird oft auch für den Zugang zu einem Port eines Kommunikationsservers benutzt.

- **McEliece:** Das McEliece-Kryptosystem ist ein asymmetrischer Verschlüsselungsalgorithmus und wurde schon 1978 vom Kryptographen Robert J. McEliece vorgestellt. Selbst unter Verwendung von Quanten-Computern ist bislang kein effizienter Weg bekannt, der das McEliece-Kryptosystem brechen kann, was es zu einem idealen Algorithmus für Post-Quanten-Kryptographie macht.

- **Messenger:** Instant Messaging (Englisch für sofortige Nachrichtenübermittlung) oder Nachrichtensofortversand ist eine Kommunikationsmethode, bei der sich zwei oder mehr Personen per Textnachrichten unterhalten. Die Nachricht soll möglichst unmittelbar (englisch »instant«) beim Gegenüber ankommen.

- **Metadaten:** Metadaten oder Metainformationen sind strukturierte Daten, die Informationen über Merkmale anderer Daten enthalten. Typische Metadaten zu einem Buch sind beispielsweise der Name des Autors, die Auflage, das Erscheinungsjahr, der Verlag und die ISBN. Oft werden entstehende Metadaten bei der Kommunikation im Internet betrachtet: Wer wann mit wem wie lange von welchem Standort aus kommuniziert hat, ist genauso interessant, wie der Inhalte einer Nachricht. Auch Verkehrs-Daten oder Telemetrie-Daten genannt.

- **Multi-Encryption:** Bei der Mehrfach- oder Multi-Verschlüsselung wird eine bereits verschlüsselte Nachricht ein- oder mehrmals mit demselben oder einem anderen Algorithmus nochmals verschlüsselt. Es ist auch als Kaskadenverschlüsselung oder Super-Encryption bekannt. Ein hybrides Kryptosystem kann in einer Multi-Verschlüsselung die Bequemlichkeit eines Kryptosystems mit öffentlichem Schlüssel mit der Effizienz eines Kryptosystems mit symmetrischem Schlüssel kombinieren.

- **NTRU:** NTRU ist ein offenes Kryptosystem mit öffentlichem Schlüssel, das gitterbasierte Kryptografie zum Ver- und Entschlüsseln von Daten verwendet. Im Gegensatz zu anderen gängigen Kryptosystemen mit öffentlichem Schlüssel ist es resistent gegen Angriffe durch Quanten-Computer.

- **Off-the-record (OTR):** Off-the-Record-Messaging (OTR) ist ein kryptografisches Protokoll, das Verschlüsselung für Instant Messaging-Konversationen bietet. OTR verwendet (pro Sitzung) eine Kombination aus einem AES-Algorithmus mit symmetrischem Schlüssel und einer Schlüssellänge von nur 128 Bit, dem Diffie-Hellman-Schlüsselaustausch mit einer Größe von 1536 Bit und der SHA-1-Hash-Funktion.

- **One-Time-Magnet (OTM):** Ein One-Time-Magnet (OTM) ist ein Magnet-URI-Link, der für die Bündelung von kryptographischen Werten quasi in einer aus dem Browser bekannten URL in verschiedenen Verschlüsselungsprogrammen nur einmalig eingesetzt werden kann, um damit z.B. eine Datei verschlüsselt herunterzuladen.

- **One-Time-Pad (OTP):** Das One-Time-Pad (Abkürzung: OTP, deutsch: Einmalverschlüsselung, wörtlich Einmal-Block) ist ein symmetrisches Verschlüsselungsverfahren zur geheimen Nachrichtenübermittlung. Kennzeichnend ist, dass ein Schlüssel verwendet wird, der (mindestens) so lang ist wie die Nachricht selbst. Das OTP kann nachweislich nicht gebrochen werden – vorausgesetzt, es wird bestimmungsgemäß angewandt.

- **Ozone Postbox:** Mit einem Ozone-Postfach können sich Offline-Freunde innerhalb des Smoke Mobile Crypto-Klienten bzw. des SmokeStack-Kommunikationsservers für Android erreichen. Der Ozon-Briefkasten dient als Cache für Freundinnen und Freunde, die nicht online sind. Das Ozone ist nur eine Passphrase, die sowohl im Klient Smoke als auch im Server SmokeStack angewendet wird. Den Rest erledigen die kryptographischen Schlüssel. Daher ist es mehr als nur eine Postbox.

- **Passphrase:** Eine Passphrase bzw. ein Passwort ist eine Zeichenfolge, die zur Zugangs- oder Zugriffskontrolle eingesetzt wird.

- **Peer-to-Peer (P2P):** Peer-to-Peer (kurz meist P2P, von Englisch: Peer »Gleichgestellter«) bzw. auch Rechner-Rechner-Verbindung sind synonyme Bezeichnungen für eine Kommunikation unter Gleichen, hier bezogen auf ein Rechnernetz. In einem Peer-to-Peer-Netz sind Computer gleichberechtigt und können gegenseitig sowohl Dienste in Anspruch nehmen, als auch zur Verfügung stellen.

- **PKI:** Mit Public-Key-Infrastruktur (kurz: PKI, Englisch: Public Key Infrastructure) bezeichnet man in der Kryptographie ein System, das digitale Zertifikate ausstellen, verteilen und prüfen kann.

- **Plain-Text:** Der Begriff Klar-Text bezeichnet den offenen, lesbaren Wortlaut eines Textes, also eine unverschlüsselte Nachricht bzw. einen Datenblock. Durch Verschlüsselung mittels eines Verschlüsselungsverfahrens und eines Schlüssels wird der Klar-Text in einen Geheimtext (Cipher-Text) umgewandelt. Umgekehrt wird aus einem Geheimtext durch Entschlüsselung der Klar-Text wieder zurückgewonnen.

- **Point-to-Point:** Unter Punkt-zu-Punkt-Verschlüsselung (Englisch: point-to-point encryption, P2PE, oder auch Transportverschlüsselung) versteht man die Verschlüsselung der Netzwerkverbindung zwischen zwei Geräten in einem Rechnernetz. Dies bietet Sicherheit vor einem Abhören der Datenleitungen, jedoch haben bei einer Hintereinanderschaltung von verschlüsselten Leitungen alle Zwischenstationen auf dem Weg zwischen zwei Endgeräten Zugang zum Klar-Text der Nachricht.

- **POPTASTIC:** POPTASTIC ist eine Funktion, die verschlüsselten Chat und verschlüsselte E-Mails über die regulären POP3- und IMAP-Postfächer ermöglicht. Dafür wird ein POPTASTIC-Schlüssel verwendet. Sobald dieser Schlüssel ausgetauscht wurde, werden alle E-Mails nur als verschlüsselte Nachricht versandt. Die Spot-On Encryption Suite, in der es entwickelt wurde, erkennt automatisch, ob die Nachricht als Chat-Nachricht oder E-Mail-Nachricht angezeigt werden soll. Spot-On erweiterte das Instant Messaging mit dieser Funktion auf einen normalen E-Mail-Client und nutzte vorhandene E-Mail-Server für Chat. Weitere Klienten haben diese Funktion der Nutzung der E-Mail-Infrastruktur für verschlüsselten Chat und Schlüssel-Austausch unter dem Begriff AutoCrypt übernommen und weiter angewandt. Ein bekannter Anwender von POPTASTIC-Chat (für IMAP) und von AutoCrypt ist der Delta-Chat-Messenger.

- **Privatheit:** Im allgemeinen Sprachgebrauch wird privat meist als Gegensatz von »öffentlich« gebraucht. Privat steht dabei stellvertretend für den Begriff »persönlich« oder wird im Sinne von »im vertrauten Kreise« verwendet.

- **Quanten-Computer:** Die Quanteninformatik oder Quanteninformationsverarbeitung ist die Wissenschaft von einer Informationsverarbeitung, die quantenmechanische Phänomene nutzt. Dabei könnten mit den Quanten-Computern einige Berechnungen wesentlich schneller durchgeführt werden, als es mittels klassischer digitaler bzw. binär rechnender Computer möglich ist.

- **Quell-offen:** Als quell-offen (Englisch: Open Source, wörtlich: offene Quelle) wird Software bezeichnet, deren Quelltext öffentlich und von Dritten eingesehen, geändert und genutzt werden kann. Bei kryptographischen Programmen ist die Einsicht zwingend erforderlich, damit Hintertüren durch externe Begutachterinnen und Begutachter ausgeschlossen werden können. Open-Source-Software kann meistens kostenlos genutzt werden.

- **Ransomware:** .. ist Schadsoftware, die Computer sperrt und Dateien verschlüsselt.

- **REPLEO:** Bei einem REPLEO wird der eigene öffentliche Schlüssel mit dem bereits empfangenen öffentlichen Schlüssel des Gegenübers verschlüsselt, so dass der eigene öffentliche Schlüssel geschützt an die Freundin oder den Freund übertragen werden kann.

- **RSA:** RSA ist eines der ersten praktischen asymmetrischen Kryptosysteme mit öffentlichem Schlüssel. Darin ist ein Schlüssel für die Verschlüsselung öffentlich und unterscheidet sich von dem geheim zuhaltenden privaten Schlüssel. RSA basiert auf der Schwierigkeit, das Produkt zweier großer Primzahlen zu faktorisieren. RSA bildet sich aus den Anfangsbuchstaben der Nachnamen von Ron Rivest, Adi Shamir und Leonard Adleman, die den Algorithmus 1977 erstmals öffentlich beschrieben haben. Die Behörde NIST bezeichnet RSA seit 2016 als »no longer secure« angesichts der Entwicklung der Quanten-Computer.

- **Secret Streams:** Secret Streams sind eine Funktion innerhalb der Spot-On-Applikation und beschreiben einen Schlüsselpool, der von einer Funktion bereitgestellt wird, die kurzlebige Schlüssel ableitet, die vom SMP - Socialist Millionaire Protocol - Prozess zur Authentifizierung von zwei Personen im Chat erstellt wurden. Mit diesem wissensfreien Nachweis werden auf beiden Seiten Schlüssel generiert, die nicht über das Internet übertragen werden müssen, ähnlich wie die Juggerknaut Schlüssel über das J-Pake Protokoll.
- **Server:** In der Informatik ist ein Server (aus dem Englischen, wörtlich Diener, im weiteren Sinn auch Dienst) ein Computerprogramm oder ein Gerät, welches Funktionalitäten, Dienstprogramme, Daten oder andere Ressourcen bereitstellt, damit andere Computer oder Programme (»Clients«) darauf zugreifen können, meist über ein Netzwerk. Diese Architektur wird als Klient-Server-Modell bezeichnet.
- **Signatur, digitale:** Eine digitale Signatur, auch digitales Signaturverfahren, ist ein asymmetrisches Kryptosystem, bei dem ein Sender mit Hilfe eines geheimen Signaturschlüssels (dem Private Key) zu einer digitalen Nachricht (d.h. zu beliebigen Daten) einen Wert berechnet, der ebenfalls digitale Signatur genannt wird. Dieser Wert ermöglicht es jedem, mit Hilfe des öffentlichen Verifikationsschlüssels (dem Public Key) die nichtabstreitbare Urheberschaft und Integrität der Nachricht zu prüfen.
- **Simulacra:** Die Simulacra-Funktion ist eine ähnliche Funktion wie der Impersonator. Während der Impersonator einen Chat zwischen zwei Personen mit Nachrichten simuliert, sendet Simulacra von Zeit zu Zeit nur eine gefälschte Nachricht. Simulacra-Nachrichten enthalten nur zufällige Zeichen und haben nicht den Stil oder das Ziel, einen Gesprächsprozess nachzuahmen.
- **SMP-Calling:** SMP-Calling ist ein Modus für das Cryptographische Calling, bei dem temporäre symmetrische Schlüssel für die Ende-zu-Ende-Verschlüsselung gesendet werden, die vom Socialist-Millionaire-Protokoll zur Authentifizierung abgeleitet werden. SMP-Calling ist die Basis für ständig generierte temporäre Schlüssel, die auch als Secret Streams Schlüssel bezeichnet werden.
- **Socialist Millionaire Protokoll (SMP):** In der Kryptographie ist das sozialistische Millionärsproblem eines, bei dem zwei Millionäre feststellen wollen, ob ihr Vermögen gleich ist, ohne sich gegenseitig Informationen über ihren Reichtum zu geben. Es ist eine Variante des Millionärsproblems, bei der zwei Millionäre ihren Reichtum vergleichen möchten, um festzustellen, wer den größten Reichtum hat, ohne sich gegenseitig Informationen über ihren Reichtum zu geben. Es wird häufig als kryptografisches Protokoll verwendet, mit dem zwei Parteien die Identität der entfernten Partei mithilfe eines gemeinsamen Geheimnisses überprüfen können.

- **Symmetric Calling:** Symmetrisches Calling ist ein Modus für Cryptographisches Calling, bei dem temporäre, symmetrische Schlüssel für die Ende-zu-Ende-Verschlüsselung gesendet werden. Es bezieht sich also auf das Senden eines symmetrischen Schlüssels über einen gesicherten Kanal.
- **Symmetrische Verschlüsselung:** Algorithmen mit symmetrischen Schlüsseln sind Algorithmen für die Kryptographie, die dieselben kryptographischen Schlüssel sowohl für die Verschlüsselung von Klar-Text als auch für die Entschlüsselung von Cipher-Text verwenden. Die Schlüssel können identisch sein oder es kann eine einfache Transformation zwischen den beiden Schlüsseln erfolgen. In der Praxis stellen die Schlüssel ein gemeinsames Geheimnis zwischen zwei oder mehr Parteien dar, mit dem eine private Informationsverbindung aufrechterhalten werden kann. Diese Anforderung, dass beide Parteien Zugriff auf den geheimen Schlüssel haben, ist einer der Hauptnachteile der symmetrischen Schlüsselverschlüsselung im Vergleich zur Verschlüsselung mit öffentlichem Schlüssel (asymmetrische Verschlüsselung).
- **TLS:** Transport Layer Security (TLS, englisch für Transportschichtsicherheit), auch bekannt unter der Vorgängerbezeichnung Secure Sockets Layer (SSL), ist ein Verschlüsselungsprotokoll zur sicheren Datenübertragung im Internet.
- **Token:** Ein Token ist ein Code oder physisches Gerät, mit dem auf eine elektronisch eingeschränkte Ressource zugegriffen werden kann. Das Token wird zusätzlich zu oder anstelle eines Passworts verwendet. Es wirkt wie ein elektronischer Schlüssel, um auf etwas zuzugreifen. Beispiele hierfür sind eine drahtlose Schlüsselkarte, die eine verschlossene Tür öffnet, oder im Fall von Kundinnen und Kunden, die versuchen, online auf das Bankkonto zuzugreifen, kann die Verwendung eines von einer Bank bereitgestellten Tokens beweisen, dass der Zugriff berechtigt erfolgt. Ebenso kann ein Gerät einen kryptographischen Token gespeichert haben und bei Adressierung dieses Codes Kommandos ausführen.
- **Turtle-Hopping:** Turtle ist ein freies, anonymes Peer-to-Peer-Netzwerkprojekt, das an der Vrije Universiteit in Amsterdam unter Beteiligung von Andrew Tanenbaum (zunächst für das Gnutella-Netzwerk) entwickelt wurde. Wie bei anderen anonymen P2P-Programmen können Benutzerinnen und Benutzer Dateien freigeben und über Dritte kommunizieren, ohne rechtliche Sanktionen oder Zensur befürchten zu müssen. Technisch gesehen ist Turtle ein F2F-Netzwerk (Friend-to-Friend). Der RetroShare-Messenger basiert auf einem F2F und hat eine von Turtle inspirierte Funktion »Turtle-Hopping« implementiert.
- **Web-of-Trust:** Netz des Vertrauens bzw. Web-of-Trust (WOT) ist die Idee, die Echtheit von digitalen Schlüsseln durch ein Netz von gegenseitigen Bestätigungen (Signaturen) durch Freundinnen und Freunde, kombiniert mit dem individuell zugewiesenen Vertrauen in die Bestätigungen der anderen (»Owner

Trust«), zu sichern. Es stellt eine dezentrale Alternative zum hierarchischen PKI-System dar.

- **Zero-Knowledge-Beweis (Kenntnisfreier Beweis):** Bei einem Zero-Knowledge-Beweis (auch kenntnisfreier Beweis) oder Zero-Knowledge-Protokoll lieg ein Protokoll zugrunde, bei dem zwei Parteien miteinander kommunizieren. Die eine Seite überzeugt dabei die andere Seite mit einer gewissen Wahrscheinlichkeit davon, dass ein Geheimnis bekannt ist, ohne dabei Informationen über das Geheimnis selbst bekannt zu geben.

- **Zufall:** Von Zufall spricht man, wenn für ein einzelnes Ereignis oder das Zusammentreffen mehrerer Ereignisse keine kausale Erklärung gefunden werden kann.

- **Zwei-Wege-Calling:** Zwei-Wege-Calling (Englisch: Two-Way-Calling) ist ein Modus für Cryptographisches Calling, bei dem temporäre, symmetrische Schlüssel für die Ende-zu-Ende-Verschlüsselung erstellt werden, die von Alice und Bob zu je 50:50 definiert werden. Bei einem bidirektionalen Anruf sendet Alice ein Passwort als Passphrase für die zukünftige Ende-zu-Ende-Verschlüsselung an Bob, und Bob sendet als Antwort ein eigenes Passwort an Alice. Nun wird die erste Hälfte des Passwortes von Alice und die zweite Hälfte des Passwortes von Bob genommen und zu einem gemeinsamen Passwort zusammengesetzt.

DIDAKTISCHE FRAGESTELLUNGEN •

Für jeden Buchstaben im Alphabet: Nachfolgend finden sich 26 didaktische Fragstellungen.

a. Diskutieren Sie, welche **Empfehlung** zur Balance der Marktmacht von kryptographischen Messenger-Diensten für Sie eine vordringlichste ist. Code: 456D706665686C756E67.

b. Erklären Sie das Konzept einer Trusted Execution Environment (**TEE**). Code: 544545.

c. Hat der RetroShare Messenger mehr **ephemerale** Schlüssel als der GoldBug Messenger? Code: 657068656D6572616C.

d. Mit welchen **Maßnahmen** kann Kriminalität verhindert oder reduziert werden? Code: 4D61DF6E61686D656E.

e. Prüfen Sie, wie viele Zeichen (**Anzahl**) ein McEliece-Schlüssel bei unterschiedlichen Moduli umfasst. Code: 416E7A61686C.

f. Recherchieren Sie, ob ein One-Time-Pad (**OTP**) sicherer ist als die Verwendung von GPG und erklären Sie warum. Code: 4F5450.

g. Suchen Sie im Internet eine Programm-Alternative für **steganographische** Prozesse. Wie heißt dieses Programm? Code: 7374656E6F67726170686973368.

h. Wählen Sie 10 Begriffe des vorliegenden Bandes für das Spiel in einer Cryptographischen **Cafeteria** aus. Code: 436166657465726961.

i. Wählen Sie die fünf wichtigsten Referenzen aus dem Literaturverzeichnis aus und markieren diese. Erklären Sie, warum es wichtig ist, diese im Originaltext **vertiefend** gelesen zu haben. Code: 766572746965666656E64.

j. Warum kann eine Nutzerin bzw. ein Nutzer von RSA-Schlüsseln auch die Nachrichten von einer Nutzerin bzw. einem Nutzer von Mc-Eliece Schlüssel **kompatibel** lesen? Code: 6B6F6D7061746962656C.

k. Was fand die **Big Seven** Studie heraus? Code: 42696720536576656E.

l. Was ist bei **Juggerknaut** Schlüsseln hinterlegt, ein SMP oder ein J-PAKE? Erklären Sie dieses. Code: 4A75676765726B6E617574.

m. Was ist unter **Multi-Verschlüsselung** zu verstehen? Code: 4D756C74692D566572736368896CFC7373656C756E67.

n. Was sind die Kennzeichen der *Dritten Epoche der Kryptographie*? Code: 45706F636865.

o. Was sind **Secret Streams**? Code: 536563726574205374726561D73.

p. Welche **Bürgerrechte** blühen auf, wenn Verschlüsselung ausgeweitet wird? Code: 42FC7267657272656563687465.

139

q. Welche drei **Applikationen** möchten Sie vertiefend testen, warum? Code: 4170706C696B6174696F6E656E.

r. Welche Funktionen umfasst die **Spot-On** Encryption Suite? Code: 53706F742D4F6E.

s. Welche Rolle spielt die **Graphen-Theorie** bei der Exponentiellen Encryption? Code: 4772617068656E7468656F726965.

t. Welche Verschlüsselung wird für **Ende-zu-Ende**-Verschlüsselung eingesetzt? Asymmetrische oder symmetrische Verschlüsselung? Code: 456E64652D7A752D456E6465.

u. Wie heißt die Person mit **Namen**, mit der Sie einen neuen Messenger austesten werden? Code: 4E616D656E

v. Wie kann ein Schlüssel für Freundinnen und Freunde bestehen, ohne dass er über das Internet **übertragen** wird? Code: FC62657274726167656E.

w. Worin **transformiert** sich die Kryptographie? Code: 7472616E73666F726D69657274.

x. Worin unterscheiden sich das Echo-Netzwerk von dem Tor-Netzwerk? Was **verbindet** sie? Code: 76657262696E646574

y. Worin unterscheiden sich die **Server** von Smoke-Chat und von Delta-Chat? Code: 536572766572.

z. Zu welchem Thema möchten Sie gerne noch ausführlicher lesen und ein entsprechendes **Buch** ausleihen? Code: 42756368.

BIBLIOGRAPHISCHE VERWEISE ●

Abdalla, Michel / Lange, Tanja (2012): Pairing-based cryptography – Pairing 2012, 5th International Conference, Cologne, Germany, May 16-18.

Ackermann, Evelyn & Klein, Michael (2020): Caesura in Cryptography: My first Workshop about Encryption - An Introduction with Teaching and Learning Material for School, University and Leisure, Norderstedt.

Adams, Carlisle / Lloyd, Steve (2003): Understanding PKI: concepts, standards, and deployment considerations, Addison-Wesley Professional, pp. 11–15.

Adams, David / Maier, Ann-Kathrin (2016): BIG SEVEN Study, open source crypto-messengers to be compared – or: Comprehensive Confidentiality Review & Audit of GoldBug, Encrypting E-Mail-Client & Secure Instant Messenger, Descriptions, tests and analysis reviews of 20 functions of the application GoldBug based on the essential fields and methods of evaluation of the 8 major international audit manuals for IT security investigations, English / German Language, ISBN 9783750408975.

AG Kritis (2020): IT-Sicherheitsgesetz 2.0: »Mittelfinger ins Gesicht der Zivilgesellschaft«, 10. Dezember, URL: https://www.heise.de/news/IT-Sicherheitsgesetz-2-0-Mittelfinger-ins-Gesicht-der-Zivilgesellschaft-4986032.html.

AK VDS / Arbeitskreis Vorratsdatenspeicherung: Amnesia CD 1.0 (2007) bis 3.0 (2011), URL: http://www.vorratsdatenspeicherung.de/CD/CD_1.0/akvorrat.html.

Anderson, Ross (2008): Security Engineering - A Guide to Building Dependable Distributed Systems, Wiley.

Arute, Frank / Martinis, John M. & et al. (2019): Quantum supremacy using a programmable superconducting processor, Nature volume 574, pages505–510 (23. October 2019)

Ateniese, G. / Francati, D. / Nuñez, D. et al. (2021): Match Me if You Can: Matchmaking Encryption and Its Applications, J Cryptol 34, 16.

Ayushi (2010): A Symmetric Key Cryptographic Algorithm, International Journal of Computer Applications, s 1(14):1–4, February.

Bacon, Francis (1605): The Proficience and Advancement of Learning Divine and Humane.

Becker, Dirk (2011): OpenVPN – Das Praxisbuch, Bonn.

Becker, Leo (2020): E-Privacy: Apple und sein Software-Chef Craig Federighi pochen auf Ende-zu-Ende-Verschlüsselung, 8. Dezember, URL: https://www.heise.de/news/E-Privacy-Apple-pocht-auf-Ende-zu-Ende-Verschluesselung-4983045.html.

Bédrune, Jean-Baptiste / Videau, Marion (2016): Security Assessment of VeraCrypt - Fixes and evolutions from TrueCrypt, QuarksLab.

Bellare, M. / Pointcheval, D. / Rogaway, P. (2000): Authenticated Key Exchange Secure against Dictionary Attacks. Advances in Cryptology – Eurocrypt 2000 LNCS. Lecture Notes in Computer Science. 1807. Springer-Verlag. Pp. 139–155. Doi:10.1007/3-540-45539-6_11. ISBN 978-3-540-67517-4.

Bellovin, S. M. / Merritt, M. (May 1992): Encrypted Key Exchange: Password-Based Protocols Secure Against Dictionary Attacks. Proceedings of the I.E.E.E. Symposium on Research in Security and Privacy. Oakland. P. 72. Doi:10.1109/RISP.1992.213269. ISBN 978-0-8186-2825-2.

Ben-Or, Michael / et. al. (1990): Everything provable is provable in zero-knowledge; in: Goldwasser, S. (Ed.): Advances in Cryptology—CRYPTO '88, Lecture Notes in Computer Science, 403, Springer, pp. 37–56.

Bernstein, D. / Chou, T. / Lange, T. / von Maurich, I. / Misoczki, R. / Niederhagen, R. / Persichetti, E. / Peters, C. / Schwabe, P. / Sendrier, N. / Szefer, J. / Wang, W. (2019): »Classic McEliece«, Einreichung zum NIST-Prozess.

Bernstein, Daniel J. (2010): Grover vs. McEliece, URL: http://cr.yp.to/codes/grovercode-20100303.pdf.

Bernstein, Daniel J. / Lange, Tanja / Niederhagen, Ruben (2015): Dual EC - A Standardized Back Door, URL: http://projectbullrun.org/dual-ec/documents/dual-ec-20150731.pdf.

Bertram, Linda A. / van Dooble, Gunther: Transformation of Cryptography, 2019, deutsch: Die Transformation der Kryptographie, ISBN: 978-3749450749.

Beuth, Patrick (2021): Signal-Chef Moxie Marlinspike: »Man kann Kriminellen nicht die Verschlüsselung wegnehmen«, 11. Februar, Spiegel-Online.

BfDi / Der Bundesbeauftragte für den Datenschutz und die Informationsfreiheit (2020): Stellungnahme zur öffentlichen Anhörung des Innenausschusses zum Thema Recht auf Verschlüsselung – Privatsphäre und Sicherheit im digitalen Raum stärken, 27. Januar.

BfJ / Bundesamt für Justiz (2020): Statistiken 2019 über die Telekommunikationsüberwachung und über die Erhebung von Verkehrsdaten, 18. Dezember, URL: https://www.bundesjustizamt.de/DE/Presse/Archiv/2020/20201218.html.

Biermann, Kai (2020): Der Kampf der EU gegen die Verschlüsselung, 26. November 2020, URL: https://www.zeit.de/digital/datenschutz/2020-11/verschluesselung-eu-rat-sichere-kommunikation-messenger.

Biham, Eli / Shamir, Adi (1996): The next Stage of Differential Fault Analysis: How to break completely unknown cryptosystems.

Bitkom (2014): Mehrheit der Lehrer fordert Informatik als Pflichtfach, 24, März, URL: https://www.bitkom.org/Presse/Presseinformation/Mehrheit-der-Lehrer-fordert-Informatik-als-Pflichtfach.html.

Black, Michael (2013): When I first heard of GoldBug – Review of GoldBug Secure Instant Messenger, URL: http://www.lancedoma.ru/, 29 Oct.

Blum, Manuel / Feldman, Paul / Micali, Silvio (1988): Non-Interactive Zero-Knowledge and Its Applications, Proceedings of the Twentieth Annual ACM Symposium on Theory of Computing (STOC 1988), pp. 103–112.

BMI (2014): Wir präsentieren den Entwurf der digitalen Agenda: Wir wollen Verschlüsselungs-Standort Nr. 1 auf der Welt werden. Dazu soll die Verschlüsselung von privater Kommunikation in der Breite zum Standard werden, 22. Juli, URL: https://netzpolitik.org/2014/wir-praesentieren-den-entwurf-der-digitalen-agenda/.

Bolton, Doug (2015): APPLE CEO Tim Cook defends Encryption and Protecting Users from Government Surveillance, December 21, URL: https://www.independent.co.uk/life-style/gadgets-and-tech/news/tim-cook-apple-privacy-encryption-a6781441.html.

Boskin, Michael (2019): Privacy, power and censorship: how to regulate big tech, April 29, URL: https://www.theguardian.com/business/2019/apr/29/big-tech-regulation-facebook-google-amazon.

Boudot, Fabrice / Schoenmakers, Berry / Traoré, Jacques (2001): A Fair and Efficient Solution to the Socialist Millionaires' Problem, Discrete Applied Mathematics, 111 (1), pp. 23-36.

Boyko, V. / MacKenzie, P. / Patel, S. (2000): Provably Secure Password-Authenticated Key Exchange Using Diffie–Hellman. Advances in Cryptology – Eurocrypt 2000, LNCS. Lecture Notes in Computer Science. 1807. Springer-Verlag. Pp. 156–171. Doi:10.1007/3-540-45539-6_12. ISBN 978-3-540-67517-4.

BRAK / Bundesrechtsanwaltskammer (2020): Stellungnahme Nr. 72/2020 zum Entwurf für einen Beschluss des Rats zur Verschlüsselung – Sicherheit durch Verschlüsselung und Sicherheit trotz Verschlüsselung, November, URL: https://www.brak.de/zur-rechtspolitik/stellungnahmen-pdf/stellungnahmen-deutschland/2020/november/stellungnahme-der-brak-2020-72.pdf.

BRAK / Bundesrechtsanwaltskammer / Schöttle, Hendrik / Ludwig, Cédric (2020): Anwaltliche Kommunikation per E-Mail - nur noch mit Ende-zu-Ende-Verschlüsselung?, in: BRAK-Mitteilungen 6/2020, S. 308-315.

Breyer, Patrick (2005): Die systematische Aufzeichnung und Vorhaltung von Telekommunikations-Verkehrsdaten für staatliche Zwecke, Berlin.

Bruchstein, Hubertus (1996): Bittere Bytes - Cyberbürger und Demokratietheorien, in: Deutsche Zeitschrift für Philosophie 4, S. 583-607.

BSI / Bundesamt für Sicherheit in der Informationstechnik (2020): Die Lage der IT-Sicherheit in Deutschland, URL: https://www.bsi.bund.de/DE/Publikationen/Lageberichte/lageberichte_node.html.

BSI / Bundesamt für Sicherheit in der Informationstechnik (2021): Moderne Messenger – heute verschlüsselt, morgen interoperabel?, Bonn.

BSI / Federal Office for Information Security (2020): Security Evaluation of VeraCrypt, November 30, URL: https://www.bsi.bund.de/SharedDocs/Downloads/EN/BSI/Publications/Studies/Veracrypt/Veracrypt.pdf.

Buktu, Tim (2013): NTRU: Quantum-Resistant cryptography, Independent / not affiliated with NTRU Cryptosystems, Inc.

Bundeskartellamt (2021): Sektoruntersuchung Messenger- und Video-Dienste - Zwischenbericht „Branchenüberblick und Stimmungsbild Interoperabilität", Bonn.

Bundesnetzagentur (2021): Interoperabilität zwischen Messengerdiensten - Überblick der Potenziale und Herausforderungen, November.

Bünz, Benedikt / Bootle, Jonathan / Boneh, Dan / Poelstra, Andrew / Wuille, Pieter / Maxwell, Greg (2018): Bulletproofs - Short Proofs for Confidential Transactions and More, Stanford University, URL: http://web.stanford.edu/~buenz/pubs/bulletproofs.pdf.

Calderbank, Michael (2007): The RSA Cryptosystem: History, Algorithm, Primes.

Cane (2019): Lasst Jabber/XMPP endlich sterben, URL: https://forum.kuketz-blog.de/viewtopic.php?f=31&t=4839.

Canetti, R. / Dwork, C. / Naor, M. / Ostrovsky, R. (1997): Deniable Encryption; in: Kaliski, B.S. (Ed.): Advances in Cryptology — CRYPTO '97. CRYPTO 1997. Berlin, pp. 90-104.

CEPIS / Council of European Professional Informatics Societies (2020): Right to Encryption instead of a Master Key for Encrypted Communication, Brussels, 1 December, URL:

https://cepis.org/app/uploads/2020/11/Right-to-encryption-instead-of-a-master-key-for-chat-communication-CEPIS-LSI-SIN.pdf   & https://cepis.org/app/uploads/2020/12/Press-Release-CEPIS-statement-on-the-right-to-encrypt-12.2020.pdf.

Chaos Computer Club (2020): CCC fordert kompromissloses Recht auf Verschlüsselung, 27. Januar, linus, URL: https://www.ccc.de/de/updates/2020/ccc-fordert-kompromissloses-recht-auf-verschlusselung.

Christ, Sebastian (2020): Digitalisierung & KI: Tagesspiegel Background, 17. Dezember, URL: https://background.tagesspiegel.de/digitalisierung.

Christen, Michael (2005): YaCy – Peer-to-Peer Web-Suchmaschine, in: Die Datenschleuder, #86, 54–57.

Cohn-Gordon, Katriel / et al. (2016): A Formal Security Analysis of the Signal Messaging Protocol, Cryptology ePrint Archive, IACR).

Council of the EU (2020): Draft Council Resolution on Encryption-Security through encryption and security despite encryption, Council document 12143/1/20 REV1, November   6,   URL: https://www.heise.de/downloads/18/2/9/9/8/5/2/0/783284_fh_st12143-re01en20_783284.pdf,   &   earlier   version https://www.heise.de/downloads/18/2/9/9/8/5/2/0/eu-council-draft-declaration-against-encryption-12143-20.pdf   &   public   version: https://data.consilium.europa.eu/doc/document/ST-13084-2020-REV-1/en/pdf.

Cremers, Cas / Feltz, Michèle (2015): Beyond eCK: perfect forward secrecy under actor compromise and ephemeral-key reveal, Designs, Codes and Cryptography, 74 (1): 183–218.

Daemen, Joan / Rijmen, Vincent (2011): The design of Rijndael – AES – The Advanced Encryption Standard, Springer, Berlin, London.

Delfs, Hans / Knebl, Helmut (2007): Symmetric-key encryption, Introduction to cryptography: principles and applications, Springer.

Delgado-Bonal, Alfonso / Martín-Torres, Javier (2016): Human vision is determined based on information theory, Scientific Reports, 6 (1).

Der Spiegel / Bartsch, Matthias et al. (2020): Rechtsextreme bei Polizei und Bundeswehr - Die dunkle Seite der Staatsmacht, 7. August, URL: https://www.spiegel.de/politik/deutschland/rechtsextreme-bei-polizei-und-bundeswehr-die-dunkle-seite-der-staatsmacht-a-00000000-0002-0001-0000-000172378470.

Deutsches Institut für Vertrauen und Sicherheit im Internet (DIVSI) (2014): DIVSI U25-Studie - Kinder, Jugendliche und junge Erwachsene in der digitalen Welt, Hamburg.

Diffie, Whitfield / Hellman, Martin (1976): New directions in cryptography, 22, IEEE transactions on Information Theory, p. 644-654.

Diffie, Whitfield / van Oorschot, Paul C. / Wiener, Michael J. (1992): Authentication and Authenticated Key Exchanges, Designs, Codes and Cryptography,2(2):107–125.

Dingledine, Roger / et al. (2004): Tor - The Second-Generation Onion Router, in: Proceedings of the 13th USENIX Security Symposium, August 9–13, 303–320.

Dinh, Hang / Moore, Cristopher / Russell, Alexander / Rogaway, Philip (Ed.) (2011): McEliece and Niederreiter cryptosystems that resist quantum Fourier sampling attacks, Advances in cryptology—CRYPTO 2011, Lecture Notes in Computer Science, 6841, Heidelberg, pp. 761–779.

Dobbertin, Hans / Rijmen, Vincent / Sowa, Aleksandra (Eds.) (2005): Advanced Encryption Standard – AES – 4th international conference, AES 2004, Bonn, Germany, May 10-12, 2004: revised selected and invited papers, Springer, Berlin.

Dolev, Danny / Dwork, Cynthia / Naor, Moni (2000): Nonmalleable Cryptography, SIAM Journal on Computing, 30 (2), 391–437, URL: https://dx.doi.org/10.1137%2FS0097539795291562.

Dragomir, Mircea (2016): GoldBug Instant Messenger – Softpedia Review: This is a secure P2P Instant Messenger that ensures private communication based on a multi en-cryption technology constituted of several security layers, URL: http://www.softpedia.com/get/Internet/Chat/Instant-Messaging/GoldBug-Instant-Messenger.shtml, Softpedia Review, January 31st.

Drehling, Wilhelm (2021): Reingefallen - Asymmetrische Verschlüsselung: Sicher durch Falltürfunktionen, c't 7, S. 60.

Dreyfus, Suelette (2012): The Idiot Savants' Guide to Rubberhose, URL: https://archive.is/20121029045140/http://marutukku.org/current/src/doc/marugu ide/t1.html#selection-273.0-282.0.

Edwards, Scott / Spot-On.sf.net Project (Eds.) (2019): Communicating like dolphins with Spot-On Encryption Suite: Democratization of Multiple & Exponential Encryption; Handbook and User Manual as practical software guide with introductions into Cryptography, Cryptographic Calling and Cryptographic Discovery, P2P Networking, Graph-Theory, NTRU, McEliece, the Echo Protocol and the Spot-On Software, ISBN 9783749435067, Norderstedt.

Edwards, Scott (2023): Spot-On - Eine moderne Verschlüsselungs-Suite im Echo, Artikel im Magazin TK Info Portal, bzw. in: Sobiraj, Lars (Hg.): Unter dem Radar - Ausgewählte Artikel und Interviews zu Datenschutz, Informationstechnologie, Netzpolitik und Hacking, Norderstedt, Seiten 133-145.

EFF (2016): End-to-End Encryption, EFF Surveillance Self-Defence Guide, Electronic Frontier Foundation.

Engelbert, D. / Overbeck, R. / Schmidt, A. (2007): A Summary of McEliece-Type Cryptosys-tems and their Security, in: J. Math. Crypt. 1 (2007), pp. 151–199.

ENISA / European Union Agency for Cybersecurity (2021): Post-Quantum-Cryptography – Current state and quantum migration, May v02.

ENISA / European Union Agency for Network and Information Security (2015): Privacy and Data Protection by Design, January 12, URL: https://www.enisa.europa.eu/publications/privacy-and-data-protection-by-design.

Esken, Saskia (2015): Mehr Verschlüsselung wagen, 22. Januar 2015, URL: https://web.archive.org/ web/20150125233354/ http://blogs. spdfrakti-on.de/netzpolitik/2015/01/22/mehr-verschlusselung-wagen.

Esken, Saskia (2020): Verschlüsselung für jede/n von uns, December 14, URL: https://twitter.com/EskenSaskia/status/1338538749353979911.

Europäisches Parlament (2018): Richtlinie (EU) 2018/1972 des europäischen Parlaments und des Rates über den europäischen Kodex für die elektronische Kommunikation,

18. Dezember, URL: https://eur-lex.europa.eu/legal-content/DE/TXT/HTML/?uri=CELEX:32018L1972#d1e2632-36-1.

EuroPKI (2010): Public key infrastructures, services and applications: 7th European work-shop, EuroPKI 2010, Athens, Greece, September 23 – 24.

Europol (2020): Europol and the European Commission inaugurate new decryption plat-form to tackle the challenge of encrypted material for law enforcement investiga-tions, December 18, URL: https://www.europol.europa.eu/newsroom/news/europol-and-european-commission-inaugurate-new-decryption-platform-to-tackle-challenge-of-encrypted-material-for-law-enforcement.

Even S. / Goldreich, O. (1985): On the power of cascade ciphers, ACM Transactions on Computer Systems, vol. 3, pp. 108–116.

FBI / Federal Bureau of Investigation (2011): Cryptanalysts: Breaking Codes to Stop Crime, Part 1, March 21, URL: https://www.fbi.gov/news/stories/breaking-codes-to-stop-crime-part-1.

Filby, P.W. (1995): Floradora and a Unique Break into One-Time Pad ciphers. Journal of Intelligence and National Security, 10:3, p. 408–422, doi:10.1080/02684529508432310.

Fleißner, Eduard (1881): Neue Patronengeheimschrift - Handbuch der Kryptographie, Wien.

Floyd, S. / Fall, K. (1999): Promoting the Use of End-to-End Congestion Control in the Inter-net (IEEE/ACM Transactions on Networking, August).

Ford, W. / Kaliski, B. (14–16 June 2000): Server-Assisted Generation of a Strong Secret from a Password. Proceedings of the IEEE 9th International Workshops on Enabling Tech-nologies: Infrastructure for Collaborative Enterprises. Gaithersburg MD: NIST. P. 176. CiteSeerX 10.1.1.17.9502. doi:10.1109/ENABL.2000.883724. ISBN 978-0-7695-0798-9.

Fujisaki, E. / Okamoto, T. (1999): Secure Integration of Asymmetric and Symmetric Encryp-tion Schemes. In: Wiener, M. (Ed.) CRYPTO 1999, Heidelberg, LNCS, vol. 1666, pp. 537–554.

Gadimov, Bahtiar (2015): Initial Omemo commit, dev.gajim.org.

Gaines, Helen F. (2014): Cryptanalysis – A Study of Ciphers and Their Solution, Courier Corporation.

Gasakis, Mele / Schmidt, Max (2018): Beyond Cryptographic Routing: The Echo Protocol in the new Era of Exponential Encryption (EEE) – A comprehensive essay about the Sprinkling Effect of Cryptographic Echo Discovery (SECRED) and further innovations in cryptography, ISBN 978-3-7481-5198-2, Norderstedt.

Gaus, Günter (1983): Nischengesellschaft, in: Ders.: Wo Deutschland liegt - Eine Ortsbe-stimmung, Hamburg, S. 156–233.

Gematik (2021): Konzeptpapier TI-Messenger, 52. p, 21. Juli.

Gerhards, Julia (2010): (Grund-)Recht auf Verschlüsselung?, Der Elektronische Rechtsver-kehr, Band 23, Baden.Baden.

GI / Gesellschaft für Informatik (2029): Stellungnahme der Gesellschaft für Informatik e.V. (GI) zum Recht auf Verschlüsselung, Berlin, 9. Dezember 2020, URL: https://gi.de/fileadmin/GI/Allgemein/PDF/2020-12-09_GI_Recht_auf_Verschlu__sselung.pdf.

GI (2020): Arbeitspapier Schlüsselaspekte Digitaler Souveränität, Berlin.

Goldberg, Ian / Stedman, Ryan / Yoshida. Kayo (2008): A User Study of Off-the-Record Messaging, University of Waterloo, Symposium on Usable Privacy and Security (SOUPS) 2008, July 23–25, Pittsburgh, PA, USA, URL: http://www.cypherpunks.ca/~iang/pubs /otr_userstudy.pdf, & URL: https://otr.cypherpunks.ca/Protocol-v3-4.0.0.html.

Goldreich, O. / Lindell, Y. (2001): Session-Key Generation Using Human Passwords Only. Advances in Cryptology – Crypto 2001 LNCS. Lecture Notes in Computer Science. 2139. Springer-Verlag. Pp. 408–432. Doi:10.1007/3-540-44647-8_24. ISBN 978-3-540-42456-7.

Gultsch, Daniel (2015): OMEMO Encrypted Jingle File Transfer, in: Website der XMPP Standards Foundation, 2. September.

Gultsch, Daniel (2018): Federated Instant Messaging with Jabber/XMPP – FOSSASIA 2018, published 25.03.2018, Min: 8:55, outdated XMPP servers: jabber.systemausfall.org, jabber.hot-chilli.net, elaon.de, jabber.fr, jabber.de, high-way.me, bommboo.de, mail.de; URL: https://www.youtube.com/watch?v=5pJYGQ_oKks.

Hackmanit GmbH / Schwenk, Jörg / Rösler, Paul (2023): Interoperability between Messaging Services: Secure Implementation of Encryption.

Hahn, Tobias / Herfert, Michael / Lange, Benjamin (2015): Pro Privacy, URL https://www.sit.fraunhofer.de/fileadmin/dokumente/studien_und_technical_repo rts/Abschlussbericht-Pro-Privacy.pdf.

Hao, Feng / Ryan, Peter (2019): J-PAKE – Authenticated Key Exchange Without PKI, Springer Transactions on Computational Science XI, Special Issue on Security in Computing, Part II, Vol. 6480, pp. 192-206.

Hao, Feng / Ryan, Peter (2008): Password Authenticated Key Exchange by Juggling, Proceedings of the 16th International Workshop on Security Protocols.

Harvey, Cynthia / Datamation (2015): 50 Noteworthy Open Source Projects – Chapter Secure Communication: GoldBug Messenger ranked on first # 1 position for Secure Communication, URL: http://www.datamation.com/open-source/50-noteworthy-new-open-source-projects-3.html, posted September 19.

Hein, Buster (2016): 11 juicy quotes from Tim Cook's interview on encryption, March 17, URL: https://www.cultofmac.com/418213/tim-Tim-encryption-interview/.

Heuzeroth, Thomas (2020): Messenger weist Forderung nach Zugang zu verschlüsselten Inhalten zurück, 29.11.2020, URL: https://www.welt.de/wirtschaft/webwelt/article221279278/WhatsApp-Rivale-Threema-CEO-weist-Forderung-nach-Zugang-zu-verschluesselten-Inhalten-zurueck.html.

Hildenbrand, Jerry (2016): Everyone is a node: How Wi-Fi Mesh Networking work, URL: https://www.androidcentral.com/how-wifi-mesh-networks-work.

Hoffstein, Jeffrey / Pipher, Jill / Silverman, Joseph H. (1998): NTRU – A ring-based public key cryptosystem, Algorithmic Number Theory, Lecture Notes in Computer Science, 1423, pp. 267–288.

Hohmann, Mirko (2015): D64-Positionspapier - Verschlüsselung als Grundvoraussetzung für unsere Gesellschaft, Berlin.

Honda, Osamu / Ohsaki, Hiroyuki / Imase, Makoto / Ishizuka, Mika / Murayama, Junichi (2005): Understanding TCP over TCP: effects of TCP tunneling on end-to-end throughput and latency.

Hooshmand, Reza / Shooshtari, Masoumeh Koochak / Aref, Mohammad Reza (2014): PKC-PC: A Variant of the McEliece Public Key Cryptosystem based on Polar Codes, URL: https://arxiv.org/ftp/arxiv/papers/1712/1712.07672.pdf

Houmkozlis, Christos N. / Rovithakis, George A. (2012): End-to-end adaptive congestion control in TCP/IP networks; in: Automation and control engineering series, CRC Press, Boca Raton, Fla.

Huang, Yahsin (2019): Decentralized Public Key Infrastructure (DPKI): What is it and why does it matter?, Hacker Noon.

Hudde, Hans Christoph (2013): Development and Evaluation of a Code-based Cryptography Library for Constrained Devices, Master's Thesis, February 7, Bochum.

Informationweek (2016): Google's Cloud Lets You Bring customer-supplied encryption keys (CSEK), URL: http://www.informationweek.com/cloud/infrastructure-as-a-service/googles-cloud-lets-you-bring-your-own-encryption-keys/d/d-id/1326482.

Joint Committee on Human Rights (2007): Government response to the Committee's fourteenth report of session 2007-08, Data protection and human rights – report, together with formal minutes, and an appendix.

Joos, Thomas (2014): Sicheres Messaging im Web, URL: http://www.pcwelt.de/ratgeber/ Tor__l2p__Gnunet__RetroShare__Freenet__GoldBug__Spurlos_im_Web-Anonymisierungsnetzwerke-8921663.html, PCWelt Magazin, 01. Oktober.

Joux, Antoine (2009): Algorithmic Cryptanalysis, CRC Press.

Kaeser, Eduard (2020): Die verschlüsselte Gesellschaft und ihre Freunde – das Rhizom der Schnüffler breitet sich weltweit aus, 13. Februar, URL: https://www.nzz.ch/meinung/datenklau-die-verschluesselte-gesellschaft-und-ihre-freunde-ld.1540307

Kahle, Christian (2020): GoldBug-Messenger im Interview: Ende-zu-Ende-Krypto unter Beschuss - Verbot ist technisch aber Unsinn, 28.11.2020, URL: https://winfuture.de/news,119739.html.

Karinthy, Frigyes: Láncszemek, 1929.

Katz, J. / Ostrovsky, R. / Yung, M. (2001): «Efficient Password-Authenticated Key Exchange Using Human-Memorable Passwords". 2045. Springer-Vergal.

Katz, Jonathan (2015): Public-key cryptography - PKC 2015: 18th IACR International Conference on Practice and Theory in Public-Key Cryptography, Springer, Gaithersburg, MD, USA, March 30 – April 1.

Kerckhoffs, Auguste (1883): La cryptographie militaire, Journal des sciences militaires, vol. IX, pp. 5–83, January 1883, pp. 161–191.

Koalitionsvertrags der 19. Legislaturperiode des Bundestages (2019): Ende-zu-Ende-Verschlüsselung für jedermann verfügbar machen, Zeilen 1979ff.

Kobara, Kazukuni / Imai, Hideki (2001): Semantically Secure McEliece Public-Key Cryptosystems –Conversions for McEliece PKC, in: Kim, K. (Ed.): PKC 2001, LNCS 1992, pp. 19-35.

Kuder, Matthias (2020): Der Regierende Bürgermeister Berlin - Senatskanzlei Wissenschaft und Forschung: Berlin wird Zentrum für Nationales Hochleistungsrechnen – Zuse-

Institut Berlin von GWK in die Förderung aufgenommen, Pressemitteilung vom 13.11.2020.

Lang, Jacqueline (2018): Tim Cook warnt vor Daten als Waffen »mit militärischer Effizienz«, 24. Oktober, URL: https://www.sueddeutsche.de/digital/apple-cook-datenschutz-1.4183262.

Lindner, Mirko (2014): POPTASTIC: Verschlüsselter Chat über POP3 mit dem GoldBug Messenger, Pro-Linux, URL: http://www.pro-linux.de/news/1/21822/poptastic-verschluesselter-chat-ueber-pop3.html, 9. Dezember.

Lobo, Sascha (2015): Geheimdienste lesen nicht mal Zeitung, 25. November, URL: https://www.spiegel.de/netzwelt/web/sascha-lobo-ueber-die-irrationale-ausweitung-der-ueberwachung-a-1064508.html

Lobo, Sascha (2020): Rechte in Polizei und Sicherheitsbehörden - Die dunkle Macht der Chats: Extremisten aller Art lieben Chats – auch bei der Polizei, 2. Dezember, URL: https://www.spiegel.de/netzwelt/web/rechtsextremismus-bei-der-polizei-warum-chats-bei-extremisten-so-beliebt-sind-podcast-a-363826c9-2790-4e1b-ad74-a68dfd962c44.

Locker, Theresa (2015): Die Onionview-Karte zeigt, wo in Deutschland die meisten Tor-Server stehen, 15. September, URL: https://www.vice.com/de/article/gv5743/die-onionview-karte-zeigt-wo-in-deutschland-die-tor-server-stehen-444.

Madore, David (2000): Method of free speech on the Internet: random pads, URL: http://www.eleves.ens.fr:8080/home/madore/misc/freespeech.html.

Marlinspike, Moxie (2013): Advanced cryptographic ratcheting, Signal Blog, November 26.

Marlinspike, Moxie (2016): Reflections: The ecosystem is moving, URL: https://signal.org/blog/the-ecosystem-is-moving/.

Matejka, Petr (2004): Model of Turtle network - Security in Peer-to-Peer Networks, Master Thesis. URL: http://turtle-p2p.sourceforge.net/thesis2.pdf.

Maurer, M. / Massey, J. L. (1993): Cascade ciphers – The importance of being first, Journal of Cryptology, vol. 6, no. 1, pp. 55–61.

McEliece, Robert J. (1978): A Public-Key Cryptosystem Based On Algebraic Coding Theory, DSN Progress Report. 44: 114–116.

McNoodle Library (2016): Implementation of the McEliece Algorithm in C++, Github.

Meinrath, Sascha D./ Vitka, Sean (2014): Crypto War II, Critical Studies in Media Communication, Vol. 31, No. 2, June, pp. 123–128, URL: https://www.tandfonline.com/doi/pdf/10.1080/15295036.2014.921320.

Meister, Andre (2020): BND-Gesetz - Ausspähen unter Freunden wird legalisiert und ausgeweitet, 30. November, URL: https://netzpolitik.org/2020/bnd-gesetz-ausspaehen-unter-freunden-wird-legalisiert-und-ausgeweitet/.

Merkle, Ralph (1978): Secure Communications over Insecure Channels, in: Communications of the ACM, Band 21, Nr. 4, April, S. 294–299.

Mermin, David (2006): Breaking RSA Encryption with a Quantum Computer: Shor's Factoring Algorithm, Cornell University, Physics, 481-681.

Mey, Stefan (2020): 25 Jahre Anonymisierung mit Tor, eine Geschichte mit Widersprüchen, 29. November 2020, URL: https://www.heise.de/hintergrund/ Missing-Link-25-Jahre-Anonymisierung-mit-Tor-eine-Geschichte-mit-Widerspruechen-4972675.html?seite=all.

Meyn, Christian (2013): Verschlüsselung und Innere Sicherheit: Die verfassungsrechtliche Zulässigkeit eines Verschlüsselungsverbots bei elektronischer Datenkommunikation, Berlin

Mezini, Mira et al. (2021): Nationaler Pakt - Gesamtgesellschaftliche Erklärung zur Cybersicherheit, Berlin.

Milgram, Stanley: The Small World Problem. In: Psychology Today, URL: http://measure.igpp.ucla.edu/GK12-SEE-LA/Lesson_Files_09/Tina_Wey/TW_social_networks_Milgram_1967_small_world_problem.pdf, ISSN 0033-3107, pp. 60–67, Mai 1967.

Ministerium Soziales, Integration und Gleichstellung Mecklenburg-Vorpommern (2021): Bildungskonzeption für 0- bis 10-jährige Kinder in Mecklenburg-Vorpommern, Schwerin.

Modadugu, Nagendra / Rescorla, Eric (2003): The Design and Implementation of Datagram TLS, Stanford Crypto Group.

Moechel, Erich (2020): »Five-Eyes« hinter den Entschlüsselungsplänen des EU-Ministerrats, 29. November, URL: https://fm4.orf.at/stories/3009643/.

MOMEDO (2018): Open Source Mobiler Messenger für kommunale und schulische Zwecke mit Verschlüsselung, Internet-Ressource.

Moonlander, Casio (2020): Smoke - An Android Echo Chat Software Application: Personal Chat Messenger / Open Source Technical Website Reference Documentation, Band 1 von 2 in dieser Reihe, ISBN 9783752691993.

Moonlander, Casio (2020): SmokeStack - An Android Echo Chat Server Application: Open Source Technical Website Reference Documentation, Band 2 von 2 in dieser Reihe, ISBN 9783752692006.

Morris, Gemma / Presenter, Swipe (2015): Wiki Boss: Encryption Ban Like Banning Maths, October 8, URL: https://news.sky.com/story/wiki-boss-encryption-ban-like-banning-maths-10343807.

Mundt, Andreas (2020): Bundeskartellamt leitet Sektoruntersuchung zu Messenger-Diensten ein, November 20, URL: https://www.bundeskartellamt.de/SharedDocs/Publikation/DE/Pressemitteilungen/2020/12_11_2020_SU_Messenger_Dienste.html.

Muth, Max (2020): Five-Eyes-Geheimdienste sollen Europa helfen, Verschlüsselung zu umgehen, 29. November 2020, URL: https://www.sueddeutsche.de/digital/geheimdienste-verschluesselung-crypto-wars-messenger-1.5131084.

Narr, Wolf-Dieter (Hg.) (1977): Wir Bürger als Sicherheitsrisiko - Berufsverbot und Lauschangriff, Reinbek.

Needham, Roger M. / Schroeder, Michael D. (1978): Using encryption for authentication in large networks of computers, in: ACM (Hg.): Communications of the ACM. Band 21, Nr. 12, Dezember.

Neue Richtervereinigung (2020): Ende-zu-Ende-Verschlüsselung nicht den Sicherheitsbehörden opfern, 15. Dezember, URL: https://www.neuerichter.de/fileadmin/user_upload/bundesvorstand/2020_12_NRV_PM_CryptoWars.pdf.

NIST (2001): Announcing the ADVANCED ENCRYPTION STANDARD (AES), Federal Information Processing Standards Publication 197. United States National Institute of Standards and Technology (NIST), URL: http://nvlpubs.nist.gov/nistpubs/FIPS/NIST.FIPS.197.pdf, November 26.

NIST / Chen, Lily / Jordan, Stephen / Liu, Yi-Kai / Moody, Dustin / Peralta, Rene / Perlner, Ray / Smith-Tone, Daniel (2016): NISTIR 8105, DRAFT, Report on Post-Quantum Cryptography, URL: http://csrc.nist.gov/publications/drafts/nistir-8105/nistir_8105_draft.pdf, National Institute of Standards and Technology. February.

Nomenclatura (2019): Encyclopedia of modern Cryptography and Internet Security: From AutoCrypt and Exponential Encryption to Zero-Knowledge-Proof Keys, ISBN: 978-3748191513 & ISBN: 9783746066684.

Odendaal, Hansie / Sharrock, Cayle / Heerden, SW. (o.J.): Bulletproofs and Mimblewimble, Tari Labs University.

Offsystem: OFF System Introduction about Brightnets, Owner-Less Data and Multi-Use Data, URL: http://offsystem.sourceforge.net/.

Pednault, Edwin / Gunnels, John A. / Nannicini, Giacomo / Horesh, Lior / Wisnieff, Robert: SUMMIT Super-Computer at Oak Ridge National Laboratories - Leveraging Secondary Storage to Simulate Deep 54-qubit SYCAMORE Circuits, IBM T.J. Watson Research Center, NY, URL: https://arxiv.org/pdf/1910.09534.pdf

Perlroth, Nicole / Larson, Jeff / Shane, Scott (2013): N.S.A. Able to Foil Basic Safeguards of Privacy on Web, New York Times, URL: https://www.nytimes.com/2013/09/06/us/nsa-foils-much-internet-encryption.html, September 5.

Piétron, Dominik / Wiggerthale, Marita (2019): Neue Wettbewerbsregeln für die Plattformökonomie, 6. Dezember, URL: https://netzpolitik.org/2019/neue-wettbewerbsregeln-fuer-die-plattformoekonomie/.

Pohl, Michael / Junginger, Bernhard (2020): Gibt es eine rechte Schattenarmee in der Bundeswehr?, 6. Juli, URL: https://www.augsburger-allgemeine.de/politik/Gibt-es-eine-rechte-Schattenarmee-in-der-Bundeswehr-id57678296.html.

Pointcheval, David (2000): Chosen-Cipher-Text security for any one-way cryptosystem, Public Key Cryptography, Springer, pp. 129–146.

Popescu, Bogdan C. / Crispo, Bruno / Tanenbaum, Andrew S. (2004): Safe and Private Data Sharing with Turtle: Friends Team-Up and Beat the System, in: 12th International Workshop on Security Protocols, Cambridge, UK, April.URL: http://turtle-P2P.sourceforge.net/turtleinitial.pdf.

Possony Stefan T. (2013): Zur Bewältigung der Kriegsschuldfrage: Völkerrecht und Strategie bei der Auslösung zweier Weltkriege, Berlin, p. 204.

Preneel, Bart / Bosselaers, Antoon / Govaerts, René / Vandewalle, Joos (1992): A Software Implementation of the McEliece Public-Key Cryptosystem; in: Proceedings of the 13th Symposium on Information Theory in the Benelux, Werkgemeenschap voor Informatie- en Communicatietheorie, pp. 119-126.

Qt Digia (2015): Qt Digia has awarded GoldBug IM as reference project for Qt implementation in the official Qt-Showroom of Digia: https://showroom.qt.io/goldbug/.

Quisquater, Jean-Jacques / Guillou, Louis C. / Berson, Thomas A. (1990): How to Explain Zero-Knowledge Protocols to Your Children, Advances in Cryptology – CRYPTO '89, 435, pp. 628–631.

Rahmschmid, Claudia / Adams, David (2023): McEliece Messaging: Smoke Crypto Chat - The first mobile McEliece-Messenger published as a stable prototype worldwide, Article Magazin TK Info Portal, and published in: Sobiraj, Lars (Hg.): Unter dem Radar - Ausgewählte Artikel und Interviews zu Datenschutz, Informationstechnologie, Netzpolitik und Hacking. Norderstedt, pp. 73-83.

Referentenentwurf des Bundesministeriums für Wirtschaft und Energie und des Bundesministeriums für Verkehr und digitale Infrastruktur (2020): Entwurf eines Gesetzes zur Umsetzung der Richtlinie (EU) 2018/1972 des Europäischen Parlaments und des Rates vom 11. Dezember 2018 (Telekommunikations-Modernisierungsgesetz), URL: https://intrapol.org/wp-content/uploads/2020/12/201209_BMWi_BMVI_RefE_Telekommunikationsmodernisierungsgesetz.pdf.

Repka, Marek (2014): McELIECE PKC CALCULATOR, Journal of ELECTRICAL ENGINEERING, VOL. 65, NO. 6, pp. 342–348.

Rieffel, Eleanor G. / NASA/TP-2019-220319 (2019): Quantum Supremacy Using a Programmable Superconducting Processor, NASA Ames Research Center, National Aeronautics and Space Administration, Ames Research Center, Moffett Field, URL: https://www.inverse.com/article/59507-full-quantum-supremacy-paper, California, August.

Rihaczek, Karl (1984): Verschlüsselung und Normung, in: Datenverschlüsselung in Kommunikationssystemen. DuD-Fachbeiträge, Wiesbaden.

Ritter, Terry (1995): Ritter's Crypto Glossary and Dictionary of Technical Cryptography, Comments on Multi-Encryption, URL: http://www.ciphersbyritter.com/GLOSSARY.HTM#MultipleEncryption

Rivest, R.L. / Shamir, A. / Adleman, L. (1978): A Method for Obtaining Digital Signatures and Public-Key Cryptosystems, URL: https://people.csail.mit.edu/rivest/Rsapaper.pdf

Roering, Christopher (2013): Coding Theory-Based Cryptopraphy: McEliece Cryptosystems in Sage, Honors Theses. Paper 17, URL: http://digitalcommons.csbsju.edu/honors_theses/17.

Rothblum, Ron D. / Sealfon, Adam / Sotiraki, Katerina (2021): Toward Non-interactive Zero-Knowledge Proofs for NP from LWE. J Cryptol 34, 3.

Rueckert, Phineas / Schilis-Gallego, Cécile (2020): Hacked: The Story behind the Israeli Spyware targetting Moroccan Journalists, June 22, URL: https://forbiddenstories.org/the-story-behind-the-israeli-spyware-targeting-moroccan-journalists/

Saint-Andre, Peter et. al. (2016): Manifesto: A Public Statement Regarding Ubiquitous Encryption on the XMPP Network, URL: https://github.com/stpeter/manifesto/blob/master/manifesto.txt.

Schmeh, Klaus (2017): Versteckte Botschaften – Die faszinierende Geschichte der Steganografie, Hannover.

Schmidt, Jürgen: Lasst PGP sterben, http://www.heise.de/ct/ausgabe/2015-6-Editorial-Lasst-PGP-sterben-2551008.html, Magazin Ct, 20.02.2015.

Schneier, Bruce / Seidel, Kathleen / Vijayakumar, Saranya: A Worldwide Survey of Encryption Products, URL: https://www.schneier.com/academic/paperfiles/worldwide-survey-of-encryption-products.pdf, February 11, 2016 Version 1.0.

Schnorr, Claus Peter (2021): Fast Factoring Integers by SVP Algorithms, received 1 Mar, last revised 3 Mar, Cryptology ePrint Archive: Report 2021/232

Schulz, Jimmy (2016): Ist Verschlüsselung der Schlüssel zur digitalen Souveränität?; in: Friedrichsen, Mike / Bisa, Peter-J. (Hrsg.): Digitale Souveränität - Vertrauen in der Netzwerkgesellschaft, Wiesbaden, S. 161-167.

Schulz, Jimmy (2018): Rede im Bundestag, Privatsphäre und Sicherheit im digitalen Raum, 29.11.2018, URL: https://www.youtube.com/watch?v=es-_7Hsaiaw.

Schulz, Jimmy et al. (2018): Recht auf Verschlüsselung – Privatsphäre und Sicherheit im digitalen Raum stärken, Drucksache 19/5764, URL: https://dip21.bundestag.de/dip21/btd/19/057/1905764.pdf.

Scientists4Crypto / Schiffner, Stefan / Krenn, Stephan et al. (2020): Open letter responding to Council Resolution on Encryption - Security through encryption and security despite encryption, by 373 signatories from 25 countries, December 14, URL: https://sites.google.com/view/scientists4crypto/start.

Sevignani, Sebastian (2016): Krise der Privatheit - Zur Dialektik von Privatheit und Überwachung im informationellen Kapitalismus; in: Hahn, Kornelia / Langenohl, Andreas (Hg.): Kritische Öffentlichkeiten - Öffentlichkeiten in der Kritik, pp 237-254.

Shor, Peter W. (1997): Polynomial-Time Algorithms for Prime Factorization and Discrete Logarithms on a Quantum Computer, in: SIAM Journal on Computing, 26, p. 1484–1509.

Sinkov, Abraham (1966): Elementary Cryptanalysis: A Mathematical Approach, Mathematical Association of America.

Smoke (2017): Documentation of the Android Messenger Application Smoke with Encryption, URL: https://github.com/textbrowser/smoke/raw/master/Documentation/Smoke.pdf, 2017.

SmokeStack: Server Software for Encrypted Messaging, URL: https://github.com/textbrowser/smokestack.

Snowden, Edward (2019): Permanent Record.

Somavilla, Ilse (2013): Verschlüsselung in Wittgensteins Nachlass, Innsbruck.

Spot-On (2011): Documentation of the Spot-On-Application, URL: https://sourceforge.net/p/spot-on/code/HEAD/tree/, under this URL since 06/2013, Sourceforge, including the Spot-On: Documentation of the project draft paper of the pre-research project since 2010, Project Ne.R.D.D., Registered 2010-06-27, URL: https://sourceforge.net/projects/445nerdd/ has evolved into Spot-On. Please see http://spot-on.sf.net and URL: https://github.com/textbrowser/spot-on/blob/master/branches/Documentation/RELEASE-NOTES.archived, 08.08.2011.

Spot-On (2021): Documentation of the Spot-On-Application, URL: https://github.com/textbrowser/spot-on/tree/master/ branches/trunk/Documentation, Github 2021.

Spot-On Encryption Suite (2019): Democratization of Multiple & Exponential Encryption: - Handbook and User Manual as practical software guide, ISBN: 978-3749435067.

Srisakthi, S., Shanthi, A.P. (2020): Towards the Design of a Stronger AES: AES with Key Dependent Shift Rows (KDSR). Wireless Pers Commun 114, 3003–3015 (2020).

Stehlé, Damien / Steinfeld, Ron (2016): Making NTRUEncrypt and NTRUSign as Secure as Standard Worst-Case Problems over Ideal Lattices, Cryptology ePrint Archive.

Stevens, Richard W. (1996): TCP/IP Illustrated, Volume 3: TCP for Transactions, HTTP, NNTP, and the UNIX Domain Protocols.

STOA / Ausschuss Science and Technology Options Assessment des Europäischen Parlaments (2015): Mass Surveillance - Part 2: Technology foresight, options for longer term security and privacy improvements, January 13, URL: https://www.europarl.europa.eu/stoa/en/document/EPRS_STU(2015)527410.

Straub, Andreas (2016): XEP-0384: Omemo Encryption, XMPP Standards Foundation website.

Stubblefield, Adam / Wallach, Dan S. (2001): Dagster: Censorship-Resistant Publishing Without Replication, URL: https://www.cs.rice.edu/~dwallach/pub/dagster-tr.pdf & https://scholarship.rice.edu/handle/1911/96291.

The United Nations / Office of the High Commissioner of Human Rights (2014): What are human rights?

Thomas, Stephen A. (2000): SSL and TLS essentials securing the Web, New York: Wiley.

Thompson, Andi Wilson / Kehl, Danielle / Bankston, Kevin (2015): Doomed to Repeat History? Lessons from the Crypto Wars of the 1990s, June 17, URL: https://www.newamerica.org/cybersecurity-initiative/policy-papers/doomed-to-repeat-history-lessons-from-the-crypto-wars-of-the-1990s/.

Tremmel, Moritz / Grüner, Sebastian (2021): Warum es okay ist, dass Signal Google-Server nutzt, 29. Januar, URL: https://www.golem.de/news/whatsapp-alternative-warum-es-okay-ist-dass-signal-google-server-nutzt-2101-153764.html

Tremmel, Moritz (2021): Onionshare - Einfach anonym Dateien teilen, Golem, 11. Mai.

Tur, Henryk / Computerworld (2018): GoldBug Secure Email Client & Instant Messenger, https://www.computerworld.pl/ftp/goldbug-secure-email-Client-instant-messenger.html, January 11.

Urdaneta, Guido / Pierre, Guillaume / van Steen, Maarten (2011): A Survey of DHT Security Techniques, ACM Computing Surveys 43(2).

USCM / US Conference of Mayors (2019): 87th Annual Meeting Opposing Payment To Ransomware Attack Perpetrators, URL: https://www.usmayors.org/the-conference/resolutions/?category=a0D4N00000FCb3LUAT&meeting=87th%20Annual%20Meeting.

Verbraucherzentrale Bundesverband (2021): Interoperabilität bei Messengerdiensten - Diskussionspapier, Mai.

Wake, Mancy A. / Hibernack, Dorothy / Lullaby, Lucas (2020): Echo on a Chip (EoC) – A New Perception for the Next Generation of Micro-Controllers handling Encryption for Mobile Messaging: From Secure Embedded Systems to Separated Secure Embedded Systems (SSES) in Cryptography. Hardware supported Trusted Execution Environments (TEE) for Encryption / Decryption Processes separated from Transport-

Processes and Server-Processes respective even other Operational Processes. ISBN 9783751916448.

Waldman, Marc / Mazières, David (2001): Tangler: A Censorship-Resistant Publishing System Based On Document Entanglements, in: Proceedings of the 8th ACM Conference on Computer and Communications Security, p.p. 126-135, URL: http://www.scs.stanford.edu/~dm/home/papers/waldman:tangler.ps.gz.

WhatsApp (2020): Encryption Overview - Technical white paper, Version 3 Updated October 22.

Wieduwilt, Hendrik (2021): Mit den Trump-Sperren beginnt ein postmodernes Internet, 02. Februar, URL: https://www.heise.de/news/Mit-den-Trump-Sperren-beginnt-ein-postmodernes-Internet-5034922.html

Wikipedia (2021): Verschiedene Abbildungen und Informationen.

Windelband, Daniela (2018): Welche Messenger dürfen in der katholischen Kirche eingesetzt werden? Bericht zum Beschluss der Konferenz der Diözesandatenschutzbeauftragten der katholischen Kirche Deutschland zu Beurteilung von Messenger-Diensten, 27. September, URL: https://www.datenschutz-notizen.de/welche-messenger-duerfen-in-der-katholischen-kirche-eingesetzt-werden-5621145/ & https://www.kdsa-nord.de/sites/default/files/file/NEU/Beschluesse_DDSB/2018_07_26_Beurteilung_von_Messengern_und_anderen_Social_Media_Diensten.pdf.

Winkel, Olaf (1997): Private Verschlüsselung als öffentliches Problem, Leviathan, Vol. 25, No. 4, pp. 567-586.

Wunderlich-Pfeiffer, Frank (2021): Ein optischer Quantencomputer für eine Million Qubits, Fach-Forum Golem, 7. Mai.

Yao, Andrew (1982): Protocols for secure communications, Proc. 23rd IEEE Symposium on Foundations of Computer Science (FOCS '82), pp. 160–164.

ABKÜRZUNGSVERZEICHNIS ●

aaO	am angegebenen Ort
AE	Adaptive Echo
AES	Advanced (American) Encryption Standard
AfNS	Amt für Nationale Sicherheit
AG KRITIS	Arbeitsgruppe Kritische Infrastrukturen
AI	Amnesty International
AKV	Arbeitskreis Vorratsdatenspeicherung
AWS	Amazon Web Services
ANI-ZKP	Automatic Non-Interactive Zero-Knowledge-Proof
beA	Besonderes elektronisches Anwaltspostfach
BfDi	Bundesbeauftragte für den Datenschutz und die Informationsfreiheit
BfJ	Bundesamt für Justiz
BfV	Bundesamt für Verfassungsschutz
BGH	Bundesgerichtshof
Bitkom	Bundesverbands der Informationswirtschaft, Telekommunikation und neue Medien e.V.
BND	Bundesnachrichtendienst
BRAK	Bundesrechtsanwaltskammer
BSI	Bundesamt für Sicherheit in der Informationstechnik
BTDS	Bundestags-Drucksache / ggf. Ausschuss-Drucksache
BYOK	Bring your own Key
BZSt	Bundeszentralamt für Steuern
C/O	Care Of – Postfach
CA	Certification Authority
CC	Cryptographic Calling
CD	Cryptographic Discovery
CDT	Center for Democracy & Technology
CEPIS	Council of European Professional Informatics Societies
CES	Cube Encryption Standard
CSEK	Customer Supplied Encryption Keys
DAV	Deutscher Anwalt Verein
DHT	Distributed Hash Table
DIVSI	Dt. Institut für Vertrauen und Sicherheit im Internet
DJV	Deutscher Journalisten Verband
DL	Diskreter Logarithmus
DSGVO	Datenschutz-Grund-Verordnung
E2E	End-to-End / Ende-zu-Ende
EAN	European Article Number

ECO	Verband der Internetwirtschaft
EFF	Electronic Frontier Foundation
ENISA	EU-Agentur für Netzwerksicherheit
EPKS	Echo Public Key Sharing
F2F	Friend-to-Friend
FBI	Federal Bureau of Investigation
FC2C	From Cipher to Conceal
FISA	Foreign Intelligence Surveillance Act
FCZB	Frauen-Computer-Zentrum Berlin
FSF	Free Software Foundation
FVEY	Five-Eyes
FZJ	Forschungszentrum Jülich
GB	GoldBug
GFF	Gesellschaft für Freiheitsrechte e.V.
GI	Gesellschaft für Informatik e.V.
GnuPG	Gnu-Privacy Guard
GPG	Gnu-Privacy-Guard-Verschlüsselung nach PGP
GUI	Graphical User Interface
HRNG	Hardware Random Number Generator
HTTP	Hypertext Transfer Protocol
HTTPS	Hypertext Transfer Protocol Secure
ICC	Interaction-Free Cryptographic Calling
IMAP	Internet Message Access Protocol
IRC	Internet Relay Chat
ISBN	Internationale Standardbuchnummer
IuK	Information und Kommunikation
JKK	Juggerknaut Keys
J-PAKE	Password Authenticated Key Exchange by Juggling
JPL	Jet Propulsion Laboratory
LGBTQIA	Lesbian, Gay, Bi, Transsexual, Queer, Intersex, Asexual
MAD	Militärischer Abschirmdienst
MELODICA	Multi Encrypted Long Distance Calling
MIC	Machine Identification Code
MIT	Massachusetts Institute of Technology
NIST	National Institute of Standards and Technology
NR	Neue Richtervereinigung e.V.
NSA	National Security Agency
Omemo	Omemo Multi-End Message and Object Encryption
OpenPGP	Open Pretty Good Privacy
OS	Open Source
OTM	One Time Magnet

OTP	One Time Pad
OTR	Off the Record
P2P	Peer to Peer
PAKE	Password Authenticated Key Exchange
PGP	Pretty Good Privacy
PKI	Public Key Infrastructure
POP3	Post Office Protocol, Version 3
POPTASTIC	Chat über das Post Office Protocol
PQC	Post-Quantum Kryptographie
QIA	Quantum Internet Alliance
QuBit	Quantenbit
RCP	Rosetta Crypto Pad
RCS	Rich Communication Services
RFC	Request for Comments
R.I.P	Rest in Peace
S/MIME	Secure / Multipurpose Internet Mail Extensions
SAM	Secure Architecture Model
SMP	Socialist Millionaire Protocol
SMS	Short Message Service
SSK	Secret Streams Keys
SSL / TLS	Secure Sockets Layer / Transport Layer Security
STASI	Staatssicherheitsdienst
STOA	Ausschuss für Science and Technology Options Assessment des Europäischen Parlaments
StPO	Strafprozessordnung
SWOT	Strengths (Stärken), Weaknesses (Schwächen), Opportunities (Chancen), Threads (Risiken)
TCP	Transmission Control Protocol
TCP-E	Transmission Control Protocol over Echo (Protocol)
TEE	Trusted Execution Environment
TH	Turtle Hopping
TKG	Telekommunikationsgesetzes
TKÜ	Telekommunikationsüberwachung
TRNG	True Random Number Generator
TÜV	Technischer Überwachungsverein
UBIT	Fachverband Unternehmensberatung, Buchhaltung, IT
ÜGR	Überwachungsgesamtrechnung
URI	Uniform Resource Identifier
URL	Uniform Resource Locator
USCM	US-Conference of Mayors
VDS	Vorratsdatenspeicherung

VPN	Virtual Private Network
WoT	Web of Trust
XOR	eXclusive OR
ZITIS	Zentrale Stelle für Informationstechnik im Sicherheitsbereich
ZK	Zero-Knowledge

REGISTER FÜR DIESEN BAND •

REFERENZEN ●

1 eigener Screenshot.
2 BSI aaO.
3 Fujisaki/Okamoto aaO.
4 Pointcheval aaO.
5 im Englischen: »Creating a Smart World where technology becomes so pervasive part of society that people are unaware of its presence.«
6 Moonlander aaO.
7 www.weser-kurier.de/ deutschland-welt/deutschland-welt-politik_artikel,-merkel-appelliert-in-coronakrise-an-buerger-die-rede-zum-nachlesen-_arid,1903711.html
8 vgl. Edwards aaO:210.
9 Spot-On aaO.
10 Edwards aaO.
11 Gasakis / Schmidt aaO.
12 Spot-On aaO, Edwards aaO.
13 Adams aaO.
14 Momedo aaO
15 vgl. a. Gasakis/Schmidt aaO:67, zit. n. Delta-Chat, in: Nomenclatura 2019:130.
16 Matejka aaO, Popescu aaO, Tanenbaum aaO, RetroShare aaO.
17 Smoke aaO.
18 Saint-Andre aaO.
19 NIST aaO.
20 Gultsch aaO
21 Marlinspike aaO: Ecosystem is moving.
22 Cane aaO.
23 Tremmel / Grüner aaO.
24 Siehe GitHub Issue #11101.
25 Radio RBB 14. Mai 2021.
26 element.io/blog/element-on-google-play-store/
27 Wieduwilt aaO.
28 Internet.
29 Eigener Screenshot.
30 Matejka aaO, Popescu aaO, Tanenbaum aaO, RetroShare aaO.
31 BTDS 19/26247.
32 Einführung einer registerübergreifenden einheitlichen Identifikationsnummer, Gutachten des Wissenschaftlichen Dienstes des Bundestages, WD 3 - 3000 - 196/20, 2020.
33 Diese Feststellung stützte sich auf das Mikrozensusurteil des BVerfG von 1969, BVerfGE 27, 1 – Mikrozensus. 16. Juli 1969.
34 PM vom 2. März 2021.
35 Erich Fromm, 1963d; GA IX, S. 373.
36 Stadt Pforzheim / Brändle, Gerhard: Menschen statt Namen, 2013.
37 COM(2021) 281 final 2021/0136 (COD) mit OJ L 257/73 of 28.8.2014
38 www.spiegel.de/ wissenschaft/entlasst-horst-seehofer-a-a0c5f2c0-496e-47d5-a4a6-4a349bb90407 & www.br.de/nachrichten/deutschland-welt/linken-politikerin-seehofer-eine-gefahr-fuer-die-demokratie,SR8kmJr
39 ASDS 19(4)825
40 BTDS 19/28169
41 www.fiff.de/presse/ eID_Stellungnahme-ccc-fiff9.
42 Edwards aaO:213.
43 TLP, 5.6, zit. nach Somavilla aaO.
44 Offsystem aaO, Madore aaO, Waldman aaO, Stubblefield aaO.
45 www.osiris-sps.org/
46 s.o.
47 Sanatinia / Noubir aaO, Levine aaO zit. n. Gasaski aaO:167,165.
48 Levine aaO
49 AK VDS aaO.